AI時代を生き抜く デジタル・メディア論

宇田川 敦史　UDAGAWA Atsushi

北樹出版

はじめに

　わたしたちの生活はメディアに囲まれている。ここでいう「メディア」とはテレビや新聞などのマス・メディアだけでなく、スマートフォンやSNS、動画共有サイトやオンライン会議ツールなどを含む、広い概念を指す。このようなメディアについて対象化し、探究するのが「メディア論」とよばれる学問だ。

　いまや、わたしたちが「社会」について知ったり考えたりするとき、その接点のほとんどはデジタル化されたメディアである。しかし不思議なことに、スマートフォンでチェックした今日の天気や、友人からのメッセージや、気になった動画などの「コンテンツ」には注意が向く一方で、その「コンテンツ」にどのような「メディア」で接触したのかは、ほとんど記憶に残らない。だから、今日スマートフォンに何回タッチしたかなど、思い出すことができる人はほとんどいないだろう。

　わたしたちがえる社会に関するニュースや知識、家族や友人の状況、流行の音楽やファッションなど、ほぼすべての情報はなんらかのメディアを媒介として伝達・共有されている。しかしわたしたちはそのメディアのしくみや成り立ちをよく知らないばかりか、そこにメディアがあるということ自体を意識せずに生活できてしまう。わたしたちが社会的な「現実」だと考えていることのほとんどは、身体が直接知覚したなにかではなく、メディアを通じて間接的に知覚した「イメージ」にすぎない。かつてウォルター・リップマンは新聞というメディアの出現に際して、メディアが構築する「現実」を「擬似環境」とよび、人々がメディアのつくりだすイメージによって「現実」を（部分的に）理解することになると喝破した。

　現代にいたり、その擬似環境の複雑さは増すばかりである。わたしたちが「現実」だと信じている「イメージ」は、デジタル化され、重層化されたメディアの複合的なしくみによって構築されたものにすぎない。しかしわたしたちは多くの場合、メディアと接しているのにそのメディアのことがみえていな

3

い。検索結果の記事の内容は気になったとしても、検索エンジンがどのような
アルゴリズムでその記事を1位に表示したのかを気にする人は少なく、SNS
の写真のおもしろさに注目することはあっても、なぜその写真が自分のタイム
ラインに表示されたのかに注目する人は少ないのだ。

　本書の目的は、スマートフォンやSNSが日常のメディアとして中心化し、
そのメディアの媒介過程として「AI」や「アルゴリズム」が遍在化しつつあ
る現代社会において、メディアがいかなる様態を示しいかなるはたらきをして
いるのか、これまでのメディア論の知見を整理し、「メディア自体をみつめな
おす」ための視座を提示することだ。「AI時代」のデジタル・メディア環境を
理解するために基礎となる13のキーワードを解説する本書は、今後のメディ
アのあり方を実践的に考えていくための「知のガイドブック」であるといえよ
う。

　本書で重視する視点は、技術（理系的な知）と社会（文系的な知）を独立した要
素とせず、その相互構成関係をつねに意識すること、すなわち技術のことを考
えるときに社会を疎外せず、社会のことを考えるときに技術を疎外しないこと
である。わたしたちが社会の一員であるということとは、メディア技術の利用
者（ユーザー）であると同時に潜在的な設計者（デザイナー）でもあるということ
であり、現代のデジタル・メディアのネットワークに組みこまれた内在的な存
在であるということに他ならない。本書は、その事実を実感し意識できるよう
な構成により、大学生のみならず、AI時代の生き方に関心や不安をもつ幅広
い人々に有用な視点を提供する。

　このような考え方に基づき、本書は文系・理系の枠にとらわれず、AIやア
ルゴリズムといったデジタル技術の基礎と、現代のデジタル・メディア環境特
有の社会状況を架橋する議論を紹介することで、これからのAI時代を生き抜
くための素養について解説を試みる。したがって、技術をあつかうといっても
特別な前提知識がなくても理解できるよう平易な表現に努め、メディア技術に
一定の関心がある「文系」の方々でも、社会におけるメディアのあり方に一定
の関心がある「理系」の方々でも領域をこえて理解できるように配慮したもの

4　　はじめに

になっている。そもそも「メディア論」という学問分野は学際的な性質をもっており、固定化された体系があるわけではない。このため、本書ではいわゆる学説史や理論体系を網羅的に示すのではなく、キーワードに応じて関連する学説や事例を（領域にこだわらず）接続することを意識している。したがって本書は「デジタル・メディア論」について網羅的・体系的な教科書というよりも、現在進行形で変化する現代のデジタル・メディア環境を読み解き、そのネットワークに参画していくための知恵や素養を指し示す実践書ととらえていただくほうが適切かもしれない。

　本書は以下の4つの部、13のキーワードから成り立っている。第1部「メディア論の基本概念」は、「メディア」「バイアス」「マス・コミュニケーション」という3つのキーワードから成り、既存のメディア論の基本概念を参照しつつ、現代社会においてメディア論を学ぶ意義について展望する。第2部「物質としてのデジタル・メディア」は「コンピューター」「インターネット」「スマートフォン」という3つのキーワードにより、社会に普及している情報技術の基本的なしくみとその物質性について検討する。第3部「社会システムとしてのデジタル・メディア」では「プラットフォーム」「アーキテクチャ」「アルゴリズム」「AI」の4つのキーワードをあつかい、情報技術が社会実装された際にどのようなメディアの様態を示すのかを考える。そして最後の第4部「デジタル・メディアと社会課題」では「インフォデミック」「プライバシー」「メディア・リテラシー」の3つのキーワードから、社会におけるデジタル・メディアの諸問題について、事例をふまえつつ多角的に論じている。これらの各章の内容は（ゆるやかな連続性はあるが）、基本的に独立しており、各自の関心に近いキーワードから読みすすめていただけるように構成している。

　本書が「デジタル・メディア」というつかみどころのない対象に、少しでも接近し理解できるようになるきっかけとなれば幸いである。

はじめに　5

目　　次

―――――――― 第 1 部　メディア論の基本概念 ――――――――

Workshop! 1 :「メディア」と「コミュニケーション」を絵に描いてみよう（10）

1. メ ディ ア ……………………………………………………………………… 11

メディアとはなにか（11）

コミュニケーションとはなにか（13）

メディアとコミュニケーションの形態学（14）

メッセージはどこにある？（17）

メディアこそがメッセージ（18）

技術決定論批判とメディアの物質性（20）

2. バ イ ア ス ………………………………………………………………… 23

メッセージとメディアのあいまいな境界（23）

エンコーディング / デコーディングとメディアの制限性（25）

「切り取り」の必然性（26）

人間のもつ認知バイアスとステレオタイプ（31）

3. マス・コミュニケーション ………………………………………… 35

もしマス・メディアがなかったら？（35）

マス・メディアが構築する「想像の共同体」（36）

マス・コミュニケーションの「効果」研究（39）

マス・メディアと「現実認識」（40）

―――――― 第 2 部　物質としてのデジタル・メディア ――――――

4. コンピューター ……………………………………………………………… 46

コンピューターの歴史（46）

メタメディアとオブジェクト（48）

デジタル・コンピューターのしくみ（51）

コンピューターの物質性（54）

5. インターネット ·········· 57

インターネットの歴史（57）

インターネットのしくみ（59）

プロトコルと「管理＝制御」の論理（62）

インターネットの変容と「Web2.0」（64）

Workshop! 2：スマートフォンの利用履歴をチェックしてみよう（67）

6. スマートフォン ·········· 68

スマートフォンとはなにか（68）

携帯電話の歴史（69）

スマートフォンの出現（71）

「スマホ最適化」のメディア様式（74）

―――― 第3部　社会システムとしてのデジタル・メディア ――――

7. プラットフォーム ·········· 80

「プラットフォーム資本主義」の浸透（80）

「量」の分配を行うプラットフォーム（82）

プラットフォームの収益モデル（84）

プラットフォーム経済の現実（87）

8. アーキテクチャ ·········· 90

アーキテクチャとは何か（90）

アーキテクチャがもたらす問題（94）

「ナッジ」とアーキテクチャの二面性（96）

Workshop! 3：アルゴリズムを考えてみよう（99）

9. アルゴリズム ·········· 100

アルゴリズムの基本構造（100）

アルゴリズムとブラックボックス（102）

アルゴリズムの「正確性」を考える（104）

アルゴリズムとその「設計思想」（107）

10. AI ·········· 110

アルゴリズムとAIのちがい（110）

「生成 AI」とは何か（113）

AI のもつバイアスと問題（115）

アテンション・エコノミーに最適化された AI（117）

──────── 第 4 部　デジタル・メディアと社会課題 ────────

11. インフォデミック ･･ 122

アテンション・エコノミーの拡大と偽情報（122）

インフォデミックとさまざまな「情報障害」（123）

偽情報・誤情報の広がりとそのメカニズム（126）

メディア複合的な偽情報・誤情報の生態系（128）

ファクトチェックの効用と限界（130）

12. プライバシー ･･･ 134

行動履歴はどう使われる？（134）

データベース化される「個人」（136）

プライバシーとはなにか（138）

問われる「監視」と「安全」の境界線（140）

Workshop! 4：どこまでがプライバシー？（145）

13. メディア・リテラシー ･････････････････････････････････････ 146

メディア・リテラシーとは（146）

メディアから身を守るための「保護モデル」（148）

メディアが構成する現実を読み解く「分析モデル」（148）

新たなメディアの可能性を考える「創造モデル」（150）

既存モデルの限界と「情報リテラシー」（151）

「インフラ的反転」をうながすメディア・リテラシー（152）

事項・人名索引 ･･･ 156

PART 1

メディア論の基本概念

Workshop! 1

「メディア」と「コミュニケーション」を絵に描いてみよう

（できれば 1 章を読む前に取り組んでみよう）

　本書では「メディア」や「コミュニケーション」といった概念をあつかう。これらのことばは日常生活において頻繁に用いられることばでもあるが、その定義を聞かれてパッと答えられる人は少ない。

　ここではそんな日常的なことばの「意味」をさぐっていく第一歩として、「メディア」「コミュニケーション」のイメージを自由に絵にして（図式化して）描いてみよう。絵の上手い下手は関係なく、現時点での自分のなかにある「メディア」「コミュニケーション」を紙に手書きで表現してみてほしい。このワークに正解はない。描いたものを他の人と見せあって話しあってみるとより理解が深まるだろう。

　自分なりの「メディア」「コミュニケーション」のイメージが確認できたら、描いた絵との対応関係を意識しながら 1 章を読みすすめてみよう。描いた絵そのものが「メディア」となって、本書との「コミュニケーション」がより伝わりやすく、理解しやすいものになるだろう。

CHAPTER 1
メディア

「メディア」とはなんだろう？ 現代社会において日常的に使われることばである一方、その「定義」を明確に答えられる人は少ないのではないだろうか。実はこの「つかみどころのなさ」自体がメディアの特徴のひとつである。メディアとは、日常生活のあらゆる場面に浸透しているにもかかわらず、その実体をつかむことがむずかしいような存在、いつもふれているはずなのに、ふれていることを意識しないですんでしまうような存在なのだ。本章は「メディア論（Media Studies）」という学問分野の議論を参照しつつ、そもそも「メディアを考える」とはどういうことなのか、検討してみたい。

■■ メディアとはなにか ■ ……………………………

メディアという概念を考えてみるために、まずは日常生活におけるメディアについて具体的なイメージを思いうかべてみよう。みなさんのまわりにはどんなメディアがあるだろうか。たとえば、「○○メディア」とよばれるモノをできるだけたくさん書き出してみるとなにがあげられるだろう。

例：○○メディアとよばれるモノ
- マス・メディア
- デジタル・メディア
- ソーシャル・メディア
- モバイル・メディア
- 紙メディア
- 光学メディア
- リムーバブル・メディア
- ……

こうして書き出してみると、実にさまざまなモノが「メディア」とよばれていることがわかる。これらの共通点はなんだろうか。たとえば、USBメモリー

などのリムーバブル・メディアや、CD・DVD などの光学メディアは、データや音楽・映像などの「コンテンツ」を記憶し、それを移動したり複製したりすることを可能にしている。また、ノートや新聞などの「紙メディア」は、記録や報道記事などの「コンテンツ」を保存しつつ、それを広く配布したり伝達したりすることを可能にしている。マス・メディアのひとつであるテレビ放送は、ニュース映像やドラマなどの「コンテンツ」を電波に乗せることで、多くの人が同時に視聴することを可能にしている。SNS などのソーシャル・メディアは、誰かのつぶやきや写真などの「コンテンツ」を友人同士のネットワークに接続することで、相互の交流や情報共有を可能にしている。これらの共通点をあえてあげるならば、なんらかの「コンテンツ」を「伝達」したり「共有」したりする中間項であるということだろうか。

　ここまで考えてみたところで、「メディア」という語のもともとの語義について確認してみよう。日本語でカタカナ語として浸透している「メディア」は、英語の "media" という語と対応しているが、この "media" は複数形である。-s がついていないので意外に思うかもしれないが、単数形は "medium" であり、ラテン語に起源をもつ。単数形をカタカナで表記すると「メディウム」となるが、実はこの表記はきわめて限定された文脈でしか使用しない。"medium" のカタカナ表記でより一般的なのは「ミディアム」である。この「ミディアム」は、S、M、L サイズのまんなかを指す "M" のことであったり、ステーキの焼き加減を示す「中くらいの」という意味であったりする。英語では同じ単語の単数形と複数形なのに、日本語のカタカナ表記としての「メディア」と「ミディアム」はまるで異なる単語であるかのようにあつかわれていることは興味深い。

　つまり「メディア」とは「ミディアム」なのだ。最初に考えたメディアの例でもわかるとおり、「なにかの間にある中間項」というのがメディアという単語の元来の意味である。日本語で「媒体」という語を使うときも、なにかを媒^{なかだち}する実体という含意があり、これは英語の原義とも対応していることが理解できるだろう。

12 | PART 1 メディア論の基本概念

では、メディアはいったいなにを媒しているのだろうか。水越伸は、このような特性をふまえて、メディアを「コミュニケーションを媒するモノやコト」と定義している[1]。ここでの「モノ」とはテレビ受像機やスマートフォン、先祖を偲ぶ墓石、話し相手となる人形やぬいぐるみなどの物質や物体を意味し、「コト」とはコンピューターのソフトウェアやスマートフォンのアプリケーション、村祭りや宗教行事のイベントなどの、一定の手順や形式を備えた非物質的なシステムを指す。メディア論や関連領域において「メディア」という概念にはさまざまな定義があるが、本書ではこの水越の定義にしたがい、以後の議論の出発点としてみよう。

■■ コミュニケーションとはなにか ■ …………………

　次に検討すべきなのは、ここでの「コミュニケーション」という概念の意味である。このことばもメディアと同様日常的に使われる語である一方、その指し示す対象は必ずしも明確とはいえない。英語の"communication"の語幹である commu- は、common や community といった語と共通しており、共有や共感、共同性を示す意味をもっている。このことから、コミュニケーションとは、なんらかの共有、共感、共通認識をもたらす行為や現象を指し示していると考えられるだろう。

　一方で、コミュニケーションということばには「通信」や「情報伝達」という含意もある。近年の情報科学の基礎をつくったひとりといわれるクロード・シャノンは、1948 年に "A Mathematical Theory of Communicaion" という論文を発表したが、日本語では「通信の数学的理論」と翻訳されている[2]。ここでシャノンが提示したコミュニケーション（＝通信）モデルは、情報機器同士が確実に「メッセージの伝達」を実現するための理論を提示したものである。このように、放送電波や情報機器によって交わされる「通信」や「情報伝達」もコミュニケーションとよばれ、現代のメディア環境においてはこちらの意味がより強調される傾向にある。

前出の水越によれば、コミュニケーションには「情報の伝達」と「感情の共有」という2つの側面があり、現実のコミュニケーションはこの2つがより合わさって成立している[3]。すなわちコミュニケーションとは、「なんらかのメッセージが伝達・共有されること」と定義づけることができる。そして、そのコミュニケーションを媒介するメディアにも、この2つの側面がみられる。わたしたちがふだん利用するSNSを例にとれば、SNSというメディアは用件を伝えるという情報伝達の媒体であると同時に、喜びや怒りの感情を共有したり伝播させる媒体としても機能する。そしてときにそれは発信者の意図せざるかたちで、「誤解」（という伝達の失敗）や「炎上」（という感情の過剰な共有）を引き起こすこともあるのだ。

■■ メディアとコミュニケーションの形態学 ■ ………

　さて、ここまで「メディア」と「コミュニケーション」という概念について考えてきたが、少し抽象的でイメージしづらい面もあったかもしれない。ここでは理解を深めるために、その形態学的な分類についてもう少し具体的に考えてみよう。

　コミュニケーションを図式化、すなわち空間的に配置しようとするとき、大きく3つのパターンが考えられる（図1.1）。実際に「『メディア』と『コミュニケーション』を絵に描いてみよう」というワークショップ（10ページ参照）を行った際に大学生が描く図式も、この3つのパターンのいずれか（またはその組みあわせ）に分類できることが多い（あくまで「多い」というだけで、もちろん実際にはパターンに分類できない多様な表現がたくさんありえる）。

　この3つのパターンは、コミュニケーションを構成する主体が1対1の関係なのか、1対Nの関係なのか、N対Nの関係なのかという、ネットワーク的な形態に対応している。そしてこれらの類型は、実際に社会にあるコミュニケーションおよびそれを媒介するメディアを空間的な配置に着目してモデル化したもの、ととらえることができる。パターン1（1対1）は、「パーソナル・

14　PART 1　メディア論の基本概念

コミュニケーション」とよばれ、それを媒介するメディアは「パーソナル・メディア」である。たとえば、手紙や電話などが典型的な例だろう。パターン2（1対N）は、「マス・コミュニケーション」とよばれ、それを媒介するメディアは「マス・メディア」である。いうまでもなく、テレビやラジオ、新聞などのまさしく「マスコミ」がこれに相当する（日常語「マスコミ」ということばは元来「マス・コミュニケーション」の略だが、「マス・メディア」を含む意味合いをもっていることは注意が必要だ）。また、日常的に「メディア」という語を使用する際にはこの「マス・メディア」のことだけを限定的に指し示すことも多い。最後にパターン3（N対N）は、「ネットワーク型コミュニケーション」とよばれ、それを媒介するメディアは「ネットワーク・メディア」である。近年では誰もが発信者になりうる双方向性をふまえて、この形態のメディアを「ソーシャル・メディア」とよぶこともある。XやInstagramなどのSNS（ソーシャル・ネットワーキング・サービス）

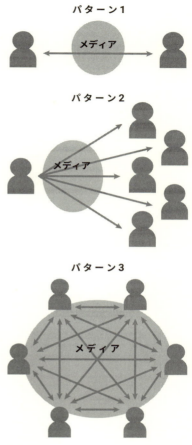

図1.1　メディアとコミュニケーションの3パターン

はこの形態のメディアの典型例だが、広義の「ソーシャル・メディア」はインターネットの掲示板や動画投稿サイトなども含む一段広い概念となる。

　コミュニケーションやメディアの形態は、空間的な配置だけでなく時間的な配置で分類することもできる。ひとくちにコミュニケーションというと、なん

となく同時双方向的な対話を思いうかべる人も多いかもしれないが、時間的に同期しないコミュニケーションも考えられる。すなわち、同期型のコミュニケーション／メディアと、非同期型のコミュニケーション／メディアという違いである。この分類は、上記の空間的な分類とかけ合わせて考えることができる。たとえばパーソナル・コミュニケーションにおいて、電話で通話する場合は同期型だが、LINE のメッセージは非同期型である。電話の場合は時間を共有しない限り通話できないが、LINE のメッセージは（限りなく短い時間でやりとりしたとしても）同期しないことが前提である。だからこそ「未読／既読」という区別が意味をもつわけだ。この違いはわずかなようだが根本的な違いともいえる。LINE などのメッセンジャーによるパーソナル・コミュニケーションに慣れているはずの若い人が、同期型の電話になると苦手意識をもつことがあるのも、この違いが関係しているのかもしれない。

　同期型と非同期型の違いは、マス・メディアの歴史を考えてみると興味深い。ラジオやテレビなどの放送メディアは同期型だが、より古くからある新聞や雑誌などの出版メディアは非同期型である。しかし近年においては、時間を同期させて放送メディアを受信する機会は減少し、録音・録画されたものを非同期で視聴したり、もともとはテレビ番組だった作品が動画配信サイトで非同期配信されることも少なくない。これがソーシャル・メディアになるとより複雑な状況もみられる。たとえば YouTube というメディアでは、投稿した動画を非同期で視聴する場合もあれば、「ライブ配信」を同期で視聴する場合もある。いわゆる「プレミア配信」では録画した動画を同期視聴しながらチャットしたりすることもできる一方で、同期配信した動画を後で非同期化する「アーカイブ配信」というしくみもあり、同期／非同期が複雑に入り組んだメディアになっている。同じ YouTube というメディアであっても、時間的な形式の違いに着目することで異なるコミュニケーション体験がありえることがわかる。

　これらの分類はあくまで便宜的なものであり、いうまでもなく現実のコミュニケーション現象、あるいはメディアというモノやコトはこれらが組み合わさった複合体としてわたしたちの生活環境に遍在している。一方で、このよう

16　　PART 1　メディア論の基本概念

に空間的・時間的に「分ける」ことで、複雑な現象が「分かる」ようになることもまた確かなのだ。

■■ メッセージはどこにある？ ■

さて、コミュニケーションとは「なんらかのメッセージが伝達・共有されること」であった。ではこの「メッセージ」はいったいどこにあるのだろうか。たとえば、「今日は暑い」というメッセージをパーソナル・コミュニケーションによって伝達・共有する行為を考えてみよう。あえて図式化すれば、このようになる（図1.2）。

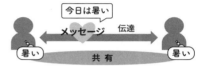

図1.2　メッセージの伝達と共有

このとき「今日は暑い」というメッセージの実体が、空気中を漂って伝播するわけではない。メッセージは、メディアを媒介して経験されるのだ。逆にいえば、メディアとは、メッセージを知覚可能にするモノ・コトといいかえることができる。そのメディアは、電話かもしれないし、LINEかもしれない、あるいは手書きのメモかもしれないし、印刷された新聞かもしれない。先ほどの図式はこのように表すことができるだろう（図1.3）。

図1.3　メディアとメッセージの関係図

このようにメッセージ自体は、抽象的な存在であり、どこにも実体がない。ニック・クドリーは、このことをふまえて、メディアのことを「象徴的内容を社会に広めるためのあらゆる制度化された諸構造、諸形式」と表現している[4]。ここでの「象徴的」とは、経験的な実在ではないことを意味する。そしてここでいう「諸構造、諸形式」とは、象徴的な次元にあるメッセージの内容（＝コンテンツ）を、みたり、聞いたり、さわったりすることを可能にする入れ物になるようなモノやコト（＝コンテナー）を指す。メッセージとメディアは、

いわば「コンテンツ」と「コンテナー」の関係にあるのだ。たとえば、映像や音楽などのもつ固有の作品性、すなわちメッセージの意味的な次元がコンテンツだ。だがそのコンテンツはメディアがなければ経験することができない。音楽作品であれば、楽器や演奏者、スタジオやミキサーなどの音響設備、場合によってはそれらを配信する YouTube などのプラットフォーム、それを受信するためのスマートフォンなど、無数のメディアが重層的にそのコンテンツを経験可能にする。このように、わたしたちのコミュニケーションはメディアなしには成立しない。にもかかわらず、わたしたちの注意はコンテンツに向きがちであり、それを経験可能にするメディアの媒介は意識しづらい。メディア論という学問が注目するのは、この「メディアがみえにくくなる」という現象そのものだ。

■■ メディアこそがメッセージ ■ ……………………

　ここで考えるべきことは、メディアが単なる入れ物（コンテナー）だとしたら、それがどんなメディアであっても、その内容物であるメッセージ（コンテンツ）は同じといえるのだろうか、という問題である。たとえば「今日は暑い」というメッセージを伝達・共有する際に、電話を用いるのと、LINE を用いるのと、あるいは手書きのメモを用いるのとで、そのコミュニケーション体験は異なるものになるのだろうか。

　カナダのハロルド・イニス、マーシャル・マクルーハンらの「トロント学派」は 1950 年代から 1960 年代、テレビジョンという新しいメディアが普及しつつあった時代に、「メディアとはなにか」という問いを追究し、現代につながる「メディア論」という分野の源流となった。マクルーハンのもっとも有名なことばが「メディアこそがメッセージである」（あるいは「メディアはメッセージである」）という主張である[5]。このことばは、これまでの議論から考えると少し矛盾するように感じるかもしれない。

　マクルーハンのことばの意味は、あえていいかえれば、「コンテナーこそコンテンツである」ということだ。それはどういうことか。わたしたちはつい、

18　｜　PART 1　メディア論の基本概念

メッセージの内容だけに注意を向けてそれを知覚可能にするメディアを無色透明かのようにあつかってしまう。しかし実際に「今日は暑い」というコミュニケーションをする際には、それを媒介するのが電話というメディアなのか、LINE というメディアなのか、あるいは手書きのメモというメディアなのかによって、メッセージの伝達・共有の体験は変わってくるということだ。

　マクルーハンはこうもいっている。「どんなメディアでもその『内容（コンテンツ）』はつねに別のメディアである」[6]。つまり、コミュニケーションの要素を分析的にみていくとき、なにがメディアでなにがメッセージか、なにがコンテナーでなにがコンテンツかは、相対的なことにすぎないということだ。逆にいえば、わたしたちがコンテンツだと思って注意を向けるその対象がコンテンツであり、そのときにはそのコンテナーにあたる何重ものメディアは無視されている。わたしたちはすべての背景に注意を向けることができないからだ。だからこそ、選択的に「注意していない」メディアをみることに意味がでてくる。たとえば、同じニュースの「コンテンツ」であっても、新聞で読むニュースとテレビでみるニュース、SNS で眺めるニュースは、そのコミュニケーションの体験、すなわち、伝達されたり共有されたりするものが異なってくる。たとえ記述されたり読み上げられたりする原稿が同一であっても、紙面における配置、映像のもつ臨場感や、SNS 上での反響の大小など、メディアの発するメッセージによってその受け取り方は変わってくるのだ。しかしわたしたちはそのような違いを体験しつつも、多くの場合記憶に残るのはそのニュースの「内容」すなわちコンテンツであり、そのニュースにどのメディアで接したのかは忘却してしまう。このような「選択的注意（アテンション）」は今日のデジタル・メディア社会を理解する上できわめて重要なポイントといえるだろう。

　マクルーハンのもうひとつのユニークな主張は、メディアを身体の拡張としてとらえる視点だ。これは、メディアがメッセージを知覚可能にする事物であると同時に、コミュニケーションの時間的・空間的な制約を極小化するという性質を身体の体験の視座からとらえたものである。たとえば、電話というメディアは、空間的に距離の離れた地点に身体の耳や口を拡張して音声を到達さ

せることを可能にする。あるいはインターネットは音声だけでなく、まさにわたしたちの目や耳、手足を、物理的な身体の界面をこえて拡張させるものだ。そして、わたしたちの身体もそのようなメディアに適応して固有の行動をとるように変容していく。メディアが身体にとっての技術的環境になり、その結果としてたとえば、スマートフォンのタッチパネルでのフリック入力に習熟するようになったり、検索エンジンに入力するキーワードの組み合わせを工夫できるようになったりするのだ。

マクルーハンはインターネットが普及する以前の 1960 年代においてすでに、メディアの電気的なネットワークが「中枢神経組織自体を地球規模で拡張」し、「空間も時間もなくなる」と主張した[7]。そしてそのようなネットワークがはりめぐらされたメディア環境のことを「グローバル・ヴィレッジ（地球村）」と称した。電話やテレビが主な電気メディアであった当時の技術においては、これは予言的な比喩でしかなかったが、1990 年代以降のコンピューター・ネットワークの拡大によって、再評価されることになる。

■ ■ 技術決定論批判とメディアの物質性 ■ ……………

レイモンド・ウィリアムズは、このようなマクルーハンの主張に対し、単純化してしまえば「テレビという技術が世界を変えた」というイデオロギーとも解釈されかねず、社会における歴史的・文化的な背景を無視して技術が社会を動かすという「技術決定論」だと批判した[8]。技術の「進歩」は歴史や文化と無関係に突然発生するものではなく、技術を可能にする歴史的な文脈や文化的な諸条件が前提となることを見逃してはならないということだ。これは、技術やメディアを社会的な構築物としてとらえる見方である。水越はこのようなメディア論の視座について、「ソシオ・メディア論」と総称し「メディアを情報技術の発達の産物としてとらえるのではなく、人間や社会と情報技術の複合的な関係の中でとらえていくという視点に立った一連のメディア研究活動」と位置づけている[9]。

技術決定論的なメディアの見方は、むしろ現代においてこそ注意が必要である。特に近年の「デジタル・トランスフォーメーション（DX）」とよばれる一種のスローガンは、「古い」慣習に基づく仕事のやり方を「新しい」デジタル技術を導入することで一方的に「変革」することができる、というイデオロギーを内包している。「AIが社会を変える」という言説も同様である。このようなメディア環境においてこそ、わたしたちは、「DX」や「AI」といった技術が先行しているかのようにあらわれるその社会的な文脈、文化的な背景にこそ注意を向ける必要がある。そして、そのことによって何が是認され、何が疎外されようとしているのか、人々のアテンションの外部へと隠蔽される対象に目を向けていくことこそがメディア論を学ぶ意義といえるだろう。そのような意味で、技術中心主義的な見方を回避しつつ、「メディアこそがメッセージ」という議論のエッセンスを批判的に継承・再検討していく必要があるだろう。

　一方では、メディアを実現する技術そのものやそれを可能にする素材や設計構造について軽視することもまた誤りであろう。近年では、技術決定論的なイデオロギーを回避しつつも、社会のなかでメディアがどのような物質的な基盤に支えられているか、見逃されがちな「メディアの物質性」に着目した議論も重要になってきている。フリードリヒ・キットラーは、現代のコミュニケーションにおいて主要なメディアとなっているコンピューターがいかなる「コード」に規定されているか、その構造を掘り下げることの重要性を説き、インターフェイスなどの表層に注目されがちなコンピューターの基底にある演算装置（マイクロプロセッサー）のもつ権力性を批判的に分析した[10]。ユッシ・パリッカはキットラーの議論を批判的に引き継ぎつつ、「メディア考古学」の立場からソフトウェアやハードウェア、さらにはそれを構成する半導体や鉱物資源への見過ごしに目を向け、その流通過程や廃棄による地球環境への負荷について議論することを提言している[11]。

　これらに共通するのは、人々がアテンションをはらう「コンテンツ」ではなく、それを知覚可能にする何重もの「コンテナー」としてのメディアの不可視化に抵抗する視点だ。これはまさに、メディアがみえにくくなるという現象そ

CHAPTER 1　メディア　　21

のものを対象化しようとするメディア論の基本視座をよく示しているといえるだろう。そして、物質性からのアプローチを考えるとき、今日のデジタル・メディアを構築している情報科学的な基礎技術に立ちかえることもまた重要である。メディア技術の社会的構築を対象化するためには、情報科学におけるコンピューターやネットワークの「標準的な」説明のあり方と、メディアの物質性に関する人文・社会科学的な議論とを架橋することが必要だろう。本書の次章以降（特に4章以降）では、このような観点から情報科学における諸概念をメディア論の視座から再解釈することで、現代のデジタル・メディア環境を理解する学際的な観点の提示を試みたい。

---

1 水越伸（2022）「メディア論の視座」水越伸・飯田豊・劉雪雁『新版 メディア論』放送大学教育振興会、10-27

2 Shannon, C. E. & Weaver, W.（1949=2009）*The Mathematical Theory of Communication*, Board of Trustees of the University of illinois.（植松友彦訳『通信の数学的理論』筑摩書房）

3 水越伸（2022）前掲書

4 Couldry, N.（2012=2018）*Media, Society, World: Social Theory and Digital Media Practice*, Polity Press.（山腰修三監訳『メディア・社会・世界：デジタルメディアと社会理論』慶應義塾大学出版会）

5 McLuhan, M.（1964=1987）*Understanding Media: The Extensions of Man*, McGraw-Hill.（栗原裕・河本仲聖訳『メディア論：人間の拡張の諸相』みすず書房）

6 McLuhan, M.（1964=1987）前掲書

7 McLuhan, M.（1964=1987）前掲書

8 Williams, R.（1990）*Television: Technology and Cultural Form, 2nd ed.*, Routledge.（木村茂雄・山田雄三訳『テレビジョン：テクノロジーと文化の形成』ミネルヴァ書房）

9 水越伸（2002）『新版 デジタル・メディア社会』岩波書店

10 Kittler, F.（1993=1998）*Draculas Vermächtnis: Technische Schriften*, Reclam.（原克・大宮勘一郎・前田良三・神尾達之・副島博彦訳『ドラキュラの遺言：ソフトウェアなど存在しない』産業図書）

11 Parikka, J.（2015=2023）*A Geology of Media*（*Electronic Mediations*）, University of Minnesota Press.（太田純貴訳『メディア地質学：ごみ・鉱物・テクノロジーから人新世のメディア環境を考える』フィルムアート社）

CHAPTER 2

バイアス

　1章では、マーシャル・マクルーハンの「メディアこそがメッセージである」ということばを参照しつつ、コミュニケーションにおいてメディアが不可視化してしまう性質とその重要性について考えてきた。「メディア論」というタイトルに関心をもって本書を手に取ってくれた読者のなかには、本書のいう「メディア」よりも映像や音楽、ニュースや広告、ゲームやマンガなどの「コンテンツ」のほうに興味があるという人も少なくないだろう。しかし1章でも検討したとおり、そのコンテンツすなわちメッセージとメディアの境界はきわめてあいまいで、相対的なものにすぎない。本章では「バイアス」というキーワードを切り口に、メッセージとメディアの不可分な関係性についてあらためて考えてみよう。

■■ メッセージとメディアのあいまいな境界 ■ ………

　広い意味のメディア論あるいはメディア研究の領域において、映像や音楽、ニュースや広告、ゲームやマンガなどのコンテンツを研究対象とすることは一般的である。ここで考えておきたいことは、コンテンツ（＝メッセージ）を独立した対象として分析することのむずかしさだ。たとえば、ポピュラー音楽の楽曲のもつメッセージとはなんだろうか？　あるいは、楽曲の作品としての価値は、どこにあるのだろうか。もっとも直観的なこたえとして、「旋律（メロディー）」を挙げる人も多いだろう。あるいは「歌詞」という人もいるかもしれない。音楽作品の作品性はその旋律と歌詞の複合体にある、といういい方もありえるだろう。しかし、たとえ旋律や歌詞が同じであっても、その歌い手や演奏者、演奏する場所や楽器の音色、場合によってはその音を配信する機器やネットワークなどのメディアが異なれば、その視聴体験は異なるものになりうる。実際、ある楽曲を本人以外が歌ってみたり、エレクトーンで演奏してみたりするパフォーマンスにも、もともとの作品とは異なる固有の作品性があると

考えるのが一般的だ。YouTube などの動画共有サイトで「歌ってみた」と称する動画が、オリジナルの楽曲とは異なるかたちで固有の評価をえていることも珍しくない。

このように、「コンテンツ」を単体で独立して特定・評価することはむずかしく、実際にはそれを知覚可能にしている何重ものメディア構造が総体となってそのコミュニケーションの意味を構築している。メディアがなんであるか、どのように組み合わさっているかによって、伝達・共有されるメッセージは大きく変わるのだ。これは、音楽作品や映像作品に限らず、日常のコミュニケーションや、ニュース報道などでも同じである。たとえば、まったく同じ文言のニュース記事であっても、それが新聞紙上に掲載されているのと、X などのSNS に掲載されているのでは、伝達・共有されるメッセージは異なるものになるだろう。つまり、ニュースの内容をどう解釈するかは、メディア自体がもっている一定の傾向性と切り離すことができない。

マクルーハンの師にあたるハロルド・イニスは、西洋の文明史においてコミュニケーション・メディアが果たした役割を分析し、その物質的な諸特性がコミュニケーションの「バイアス（傾向性）」に影響を与え、メディアが「コミュニケートされるべき知識の性格を或る程度まで決定する」と論じた[1]。イニスのいうメディアの「バイアス」とは、単に「新聞だから信頼性が高く、SNS だから信頼性が低い」といった表面上の評価にとどまるものではなく、より基底的な、文明の歴史的構築の水準を意味する。たとえばエジプト文明において石碑などのメディアに刻み込まれる、複雑な絵画や「ヒエログリフ」とよばれる象形文字は、王墓のような移動することのない特定の空間に位置づけられ、容易に模倣することもできない。このことによってメディアを独占する王権の影響力は強固になる。しかしその後、紙の原型ともいえるパピルスのような軽量なメディアと毛筆の利用が始まると、書くことと考えることが世俗化され、知識の共有によって専制君主の政治体制を揺るがすなど、メディアの物質特性は社会を変容させる契機になりうるのだ。

このようなイニスのメディア観を引き継ぎ、メディアのもたらすバイアスこ

そがコミュニケーションにとって重要だというエッセンスを先鋭に表現したのがマクルーハンの「メディアこそがメッセージ」という宣言だった。1章でも論じたとおり、このようなトロント学派によるメディア論には、それが技術決定論であるという批判がなされてきた。イニスの議論も「メディアが文明を決定する」というメディア決定論と解釈することも可能だ。しかし一方で重要なことは、歴史的・文化的な出来事を解釈する際に、メディアがもつ物質的な制約を見逃してはならないという論点を示したことだろう。メディアがすべてを決定づけるものではないという前提を認識した上で、コンテンツだけでなく、不可視化されがちなメディアのバイアスに目を向けることが必要なのだ。

■■ エンコーディング／デコーディングとメディアの制限性 ■ …

コミュニケーションの決定論的なモデルに対して、テレビの視聴者を単なる「受け手」ではなく能動的なオーディエンスとしてとらえ、その解釈可能性の多義性を主張したのがスチュワート・ホールである。ホールはカルチュラル・スタディーズの観点から、シャノンのコミュニケーションモデルを批判的に再構築し、「エンコーディング／デコーディング」という概念を提示した[2]。送り手である制作者はメディア（この場合はテレビ）を媒介してなんらかの意味（番組コンテンツ）をエンコーディングする。エンコーディングとは「記号化」という意味であり、メディアのもつ特定の様式にしたがってメッセージを記号に置き換えることを指す。そして受け手であるオーディエンスは、メディア上に表出した記号をデコーディング（「記号化」の逆を意味する「復号化」）することでなんらかの意味を解釈する。制作者とオーディエンスはそれぞれに「知識の枠組み」「生産構造」「技術的インフラ」という文化的な背景をもっており、意味内容のエンコーディング／デコーディングはそのような文脈に依存する。このため制作者とオーディエンスの間で必ずしも同一の意味内容を共有しているとは限らず、そこにはつねに離齬やズレがあり、むしろオーディエンスには能動的で多様な解釈の可能性が開かれている、というのがホールの主張だ。

つまり、コミュニケーションとは、「送り手」の意図を「受け手」が正確に再現することではなく、ある特定の社会的・文化的文脈におかれた送り手がエンコーディングしたメッセージを、異なる社会的・文化的文脈のもとで受け手がデコーディング（＝再解釈）をするという過程なのである。そこには必然的に、異なる解釈可能性、伝達・共有の多面的な可能性が内包される。もちろん「誤解」の可能性も同時にある。メディアを媒介する以上、送り手の意図と受け手の解釈のズレは避けられないのだ。ホールはその社会的・文化的文脈の差異に着目し、オーディエンスの抵抗可能性を見い出したが、一方で重要なのは、そのコミュニケーションの「記号」の様式を定めその入れ物（コンテナー）となるメディアの物質的な制約がもたらすバイアスもまた、エンコーディング／デコーディングの過程に深くかかわっているということだ。すなわち、どのようなメディアを選択するかによってそのコミュニケーションにおけるズレの傾向性もまた、変わりうるのだ。たとえば、同じ写真を Instagram に投稿する場合と、X に投稿する場合では、タイムラインにどのように表示されるのか、どの程度のフォロワーに広がるのか、どのような反応が期待できるか、などのコミュニケーションの性質や解釈の可能性が変わりうることは、想像に難くないだろう。ホールのモデルは、テレビというメディアを前提としつつその背景にある文脈に目を向けるものだったが、メディア自体が多様化した現代においては、メディアの違いを含むその記号変換過程の全体性に目を向けるモデルとしてとらえなおす必要があるだろう。

■■「切り取り」の必然性 ■ ……………………………

このエンコーディング／デコーディングの過程におけるメディアのバイアスをもう少し考えてみるために、映像メディアによるニュース報道の具体的な事例を考えてみよう。わたしたちはニュース映像を視聴する際に、基本的にはニュースのコンテンツ、すなわちアナウンサーやナレーターが話していることばの意味や、映像の被写体に注目する。一方でそのコミュニケーションの背景

にあるスタジオのセット、カメラやマイク、あるいは映像を表示しているテレビ受像機やスマートフォンなどのメディアに注意が向くことは少ない。たとえばここで、映像を構成しているカメラのレンズや、その撮影者のおかれた文脈のことまで想起することはきわめて稀だといえるだろう。

ここで、カメラのレンズによるエンコーディングについて考えてみる素材として、筆者が実験的に撮影した2つの写真を見比べてみていただきたい。これは、本書にも関連する書籍（同じA5版の大きさのもの）をいくつか机の上に並べ、写真1は望遠レンズを使い、写真2は広角レンズを使い、書籍の配置は同一のままで撮影したものだ。

写真1

写真2

図2.1　書籍を撮影した2つの写真（筆者撮影）

このメディアがもつメッセージをみなさんはどう感じるだろうか。写真1では望遠レンズを利用することで、遠くにある被写体が近くにある被写体に比べて相対的に大きくなる「圧縮効果」とよばれる現象により、書籍同士が密接しているように感じる人もいるだろう。一方で写真2では、広角レンズによって広がりが強調され、書籍と書籍の間に十分な距離が取られていると感じられるかもしれない。このように、写真ひとつをとっても、カメラやレンズ、撮影者の立ち位置や画角などを含めたメディアの配置によって、メッセージは大きく異なってくる。エンコード対象となる被写体は同一で

あっても、多様なエンコーディングの可能性が不可避的に生じてしまうのだ。メディアのバイアスは、このような差異の重層的な積み重ねによって、コミュニケーションを方向づけることになる。その一方、受け手にとっては写真1を「密」であるとデコーディングすることもできるが、「望遠レンズ」というメディアのバイアスに関する知識を用いて、「必ずしも密ではない」とデコーディングする可能性も開かれている。

　この事例をふまえた上で、映像によるニュース報道の話に戻ろう。図2.2は、コロナ禍において、人出の増加を伝えるニュース映像の例である[3]。図2.2をみて、どのように感じるだろうか。看板の大きさなどを比較すると、奥の方にある看板と前方にある看板がほとんど同じ大きさにみえることから、この映像が望遠レンズで撮影されたことが推定できる。この場合、「圧縮効果」によって遠方の人と前方の人との距離が小さくみえることで、より「密集」した印象を与える可能性がある。このコミュニケーションの背景にあるカメラのレ

図2.2　望遠映像を用いたニュース記事の事例（出典：日テレNEWS 2021年3月23日[4]）

ンズや撮影者の立ち位置が、ニュース全体のメッセージの重要な構成要素になっていることがわかるだろう。

　ここで注意すべきなのは、望遠レンズで撮影した映像が「フェイク（虚偽）」で、広角レンズで撮影した映像が「ファクト（事実）」だ、といった単純な二分法は誤りだということだ。どちらもカメラとレンズというメディアによって構成されたメッセージであることには変わりなく、どちらかが「ファクト」だと断言することはできない。わたしたちは、映像に映った対象だけに注目し、それをそのまま「ファクト」と受けとってしまいがちだが、その映像を構成するメディアがどのようなものであるかに対する想像力が重要だということである。すなわち、映像がみずから事実を物語るわけではなく、事実の「断片」にすぎない映像が選別され組みあわされることでメッセージが「構成」されるのだ。これは、映像素材に対する「編集」の水準だけでなく、撮影における機材や画角の選定というメディアの水準においてもなんらかの「切り取り」が避けられないということを意味する。

　一般的に「切り取り」というと、動画配信サイトやSNSなどにおいて、映像コンテンツの一部を「編集」することで文脈を捨象し、メッセージを改変することを指し示すことが多いが、「切り取り」はコンテンツの水準だけでなく、メディアの水準においても不可避的に発生している。逆にいえば、メディアを媒介したコミュニケーションとは、現実のある一側面を「切り取る（≒エンコーディング）」することではじめて成立する。「切り取り」を批判することは、「切り取っていない」純粋なコンテンツが実在することを（無意識のうちに）前提としてしまうが、そもそもメディアによるメッセージはすべてが構成されたものであり、「純粋な」メッセージなど最初から存在しえないのだ。

　たとえば、映像ニュースにおいて、ある駅の乗降客数の増減を伝達・共有しようとするとき、24時間365日その駅のあらゆる地点の映像をすべて撮影することは事実上不可能である。望遠レンズか広角レンズかという選択だけでなく、時間帯や撮影場所、それによって変化する光の加減や画角など、あらゆる要素を「切り取る」ことではじめて映像素材の撮影が可能になるのだ。

CHAPTER 2　バイアス　29

また、このニュースがテレビ放送のコンテンツだとすれば、テレビというメディアの時間的・空間的な制約、すなわちテレビというメディアのもつバイアスも同時に考える必要がある。あたりまえのようだが意識されない前提として、テレビ放送は深夜帯を除いて1日中絶え間なく放送されており、各番組の放送枠は分単位・秒単位で決まっている。ニュース番組や情報番組では、その日にどんなニュースがあろうと、定められた時間枠にきっちりと収める必要がある。それはすなわち、たくさん「ネタ」があれば選別して切り取る必要があり、ほとんど「ネタ」がなければみつけてきて埋め込む必要があるということだ。そしてテレビというメディアは、映像と音声が必ずセットになっており、映像も音声も、同じ時間枠で絶え間なく供給されなければならない。それは音声だけで十分に伝わるニュースであっても、その音声分と同じ時間だけの映像素材を埋め込む必要があるということだ。このような制約のなかで、あらゆる水準での「切り取り」が避けられないことは自明といえるだろう。大切なのは、「切り取っていない」なにかを前提とするのではなく、どのように「切り取られた」のかを想像できること、そして他の「切り取り」の可能性をつねに意識できることである。

　ニュース報道のような、マス・メディアが組織として発信するメッセージであっても、このようにさまざまなメディアのバイアスは避けられない。その意味で、「ジャーナリズム」の考え方はこのようなバイアスの可能性を理解しつつ、それでもメディアが公正・中立であることを担保するための社会的な保護装置となっている。既存のマス・メディアにおける情報の選別・分配は、メディアのゲートキーピング（門番）機能ともよばれ、社会にとって重要な情報を偏りなく配信するための整理が、メディア組織の責任のもとで行われてきた。これがソーシャル・メディア上のコミュニケーションとなると、バイアスの構造はより複雑化する。「送り手」である発信者が十分にそのような配慮をすることがないだけでなく、ある発信がどのような基準で、いつ誰に配信されるのかは、メディアがもつ「アルゴリズム（処理手順）」に依存しており、アルゴリズム自体がそのメディアのバイアスとなるからだ。つまり、ソーシャル・

メディアにおいては、アルゴリズムがゲートキーピングの役割をはたしているのだ。そしてそれは、発信時のみならず、メッセージを伝達・共有する経路のあらゆるレイヤーにおいて、なんらかの「切り取り」すなわち「選別・分配」のプロセスを担っている。

　いずれにせよ大事なことは、メディアのバイアスを「偏り」ととらえて「偏っていない状態」に是正することではない。先述したとおり、あらゆるメッセージは構成されたものであり、「純粋な事実」を直接表現することは不可能だからである。むしろメディアを介したコミュニケーションにバイアスが避けられないことを前提に、どのようなバイアスがあるのかをつねに意識することが大事なのだ。さらにいえば、そのようなバイアスが入りこむことと、「送り手の意図」を正確に再現することが不可能なことは表裏一体である。コミュニケーションとは、「送り手の意図」を正確に再現することではなく、受け手の文脈に依存した解釈（デコーディング）でしか成立しえない。このようなメディアの制限性をつねに意識しながら、構成されたメッセージをメディアの水準で認識するまなざしをもちつづけることが必要なのだ。

■ ■ 人間のもつ認知バイアスとステレオタイプ ■ ……

　ニュース映像における「編集」だけでなく、SNS や動画共有サイトにおいて近年増加している「ショート動画」や「切り抜き動画」のように、情報を短く「切り取る」ようなメディアには一定の社会的需要がある。そもそもわたしたち自身が、「切り取った情報」を求めているという側面があり、それには人間の「認知資源」とよばれる情報処理能力の有限性が関係している。すなわち、デコーディングという過程には社会的・文化的な背景が深くかかわっている一方で、大量の情報を短時間で処理することができないという身体的な制約も無視できないのだ。そしてその制約を乗り越える方略として、人間の認知の水準における心理学的な「バイアス」というものがある。これは、イニスが論じたメディアのバイアスとは異なる文脈に位置づけられる概念だが、ここであ

わせて考えてみることにしよう。

　心理学の分野では、人間の思考システムを２つの過程でとらえる「二重過程理論」という仮説的なモデルがある。ダニエル・カーネマンは、この２つを「速い思考」と「遅い思考」とよび「速い思考」を実現する脳のシステムを「システム１」、「遅い思考」を実現する脳のシステムを「システム２」というモデルで説明している[5]。ここでいう「速い思考」とは、自動的・直観的にすばやく判断する思考モードのことで、自分自身で意識的にコントロールしている感覚はない。たとえば、突然聞こえた音の方角を感知したり、おぞましい写真を見せられて顔をしかめたり、意識することなく自然と注意が向いたり反応したりしてしまうプロセスがシステム１である。一方の「遅い思考」とは、複雑な計算など意識的に時間をかけて論理的な推論などを行う思考モードのことで、たとえば 17×24 のような計算を行うプロセスがシステム２によってなされる。実際はこの２つのシステムは連携をして処理をするが、システム１が自動的に注意の対象を振り分ける（音が聞こえた方角に気づかせる）のに対し、システム２はその対象に注意をはらうべきかどうかを意識的に判断する（聞こえた音に応答すべきかどうかを考える）というような過程をたどる。

　この２つの思考過程の区分や境界線にはさまざまな理論があるが、一般にシステム１のような速い思考において用いられる比較的単純な情報処理方略のことを「ヒューリスティック」とよぶ。たとえば、過去に経験した代表的なパターンにあてはめてなにかを瞬時に判断する方略は「代表性ヒューリスティック」とよばれ、日常生活で（気づかないうちに）頻繁に用いられている。ここではカーネマンが提示した具体的な例で考えよう。６人の赤ちゃんが病院で次々と生まれた場合、男女の生まれる順序としてもっとも確率が高いのはどれだろうか。

1. 男男男女女女
2. 女女女男男男
3. 男女男男女男

カーネマンによれば、多くの人は３の「男女男男女男」がもっとも確率が高

いと判断する。それは、「ランダム」という事象の代表的なパターンが3には
みられる（と直観する）からだ。しかし実際にはどのパターンも同じ確率で発生
する。システム2を使って数学的に考えれば理解できることだが、多くの場合
はシステム1によるヒューリスティックが先にすばやく判断を下し、熟慮せず
に結論を出してしまう[6]。

　このように、ヒューリスティック自体は必ずしも悪いものではないが、十分
に吟味したり熟考した結果ではないため、つねに論理的な結果になるわけでは
ない。生活の多くの場面ではいわゆる「ショートカット（近道）」として有効に
機能するものの、情報の真偽の判断など慎重さを要する場面ではヒューリス
ティックが「邪魔」をすることもある。このようなヒューリスティックなどに
よって判断が偏ったり論理的でなくなる心理的な傾向性は「認知バイアス」と
よばれる。

　ウォルター・リップマンは、1922年の著書『世論』で、新聞というマス・
メディアの特性として、社会のすべてをまんべんなく伝えることができず、情
報を切り取ったり要約したりすることでパターン化されたイメージを提供する
ことになると論じた。そしてそのパターン化されたイメージのことを「ステレ
オタイプ」とよんだ[7]。ステレオタイプとは、たとえば「日本人は勤勉だ」と
いった、特定の集団やカテゴリーに対する代表的なイメージのことだ。この概
念はのちに心理学に継承され、メディアによって構築されるステレオタイプだ
けでなく、人間の外集団認知における心的イメージ一般を含むものとして拡張
されている。そしてこのステレオタイプは、先述の代表性ヒューリスティック
を用いたパターンの直観的判断に用いられ、ときに偏見や差別につながる危険
性を帯びたものとして位置づけられている。

　特にメディアを通じたコミュニケーションにおいて、メディア自体のもつ
バイアスと人間の認知のもつバイアスは相互に影響し合い、ときに複雑なデコー
ディングをもたらす。たとえば、認知バイアスのうちもっともよく知られてい
るもののひとつに「確証バイアス」というものがある。これは自分の信念に合
致する情報を過大評価し、合致しない情報を過小評価するという心的傾向のこ

CHAPTER 2 バイアス｜33

とである。よりわかりやすくいえば、人間は「信じたいものを信じ、信じたくないものを信じない」という判断を（とくにシステム1において、無意識のうちに）しやすいということだ。たとえば、「推しのサッカー選手がスペインの有名クラブチームに高額でスカウトされた」という情報は、たとえその根拠が不明でも真実だと思いこんでしまう一方、「推しのサッカー選手が薬物使用の疑いで調査された」という情報は、たとえその証拠が示されていても疑ったり無視したりしてしまう。

　そして、SNS などのデジタル・メディアは、アルゴリズムによってユーザーが「望む」情報を選別して提示するという（メディア側の）バイアスをもっている。そこに確証バイアスのような、ユーザー側の認知バイアスが相互に影響しあうことで、たとえ真偽が不明であってもユーザーにとって心地よい情報だけが選別されたメディア環境が構築されていくことになる。現代のデジタル・メディア環境は、メディアによるコミュニケーションがもつエンコーディング／デコーディングの非対称性に加え、メディアのもつバイアスと、人間のもつバイアスという2種類のバイアスが複雑に相互作用をすることで、情報の分布や真偽がより不明確になっているのだ。

1　Innis, H. A. (1951=2021) *The Bias of Communication*, University of Toronto Press.（久保秀幹訳『メディアの文明史：コミュニケーションの傾向性とその循環』筑摩書房）

2　Hall, S. (1973) Encoding and Decoding in the Television Discourse, Paper for Council of Europe Colloquy on "Training in the Critical Reading of Television Language", University of Birmingham.

3　日本テレビ（2021）「"宣言"解除夜の人出　主要駅…前週より↑」日テレ NEWS, 2021 年 3 月 23 日 https://news.ntv.co.jp/category/society/844155（2024-03-22 取得）

4　日本テレビ（2021）前掲記事

5　Kahneman, D. (2011=2014) *Thinking, Fast and Slow*, Farrar, Straus and Giroux.（村井章子訳『ファスト&スロー：あなたの意思はどのように決まるか？』早川書房）

6　Kahneman, D. (2011=2014) 前掲書

7　Lippmann, W. (1922=1987) *Public Opinion*, The Macmillan Company（掛川トミ子訳『世論』岩波書店）

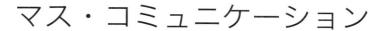

CHAPTER 3
マス・コミュニケーション

　本書でこれまで議論してきた「メディア」という概念は、コミュニケーションを媒介するモノ・コトという幅広い対象を含んでおり、必ずしもテレビやラジオ、新聞のようなマス・メディアだけを指し示すものではない。そして本書は「デジタル・メディア」という、コンピューターやインターネット技術によって実現した現代のさまざまなメディアの様態に焦点をあてるものだ。しかしそれは、現代社会においてマス・メディアがもう古くてデジタル・メディアに代替されつつあるため無視できるという意味ではない。むしろマス・メディアと他のメディアの境界はあいまいになり、わたしたちのメディア環境の重要な一部を占めている。たとえば「テレビドラマ」や「テレビアニメ」として制作された番組を、わたしたちはNetflixやYouTubeといったデジタル・プラットフォームを介して、スマートフォンという（テレビとは異なる）機器で視聴することができる。あるいはSNSなどでも、新聞のニュース記事や雑誌記事のリンクが掲載されたり、テレビ番組のハッシュタグによってファン同士が交流するなど、マス・メディアがデジタル・メディアによって再メディア化されることも多い。このような状況をふまえつつ、本章ではこれまでマス・コミュニケーション研究で検討されてきたマス・コミュニケーションおよびマス・メディアの社会的なあり方について考えてみたい。

■■　もしマス・メディアがなかったら？　■　................

　1章で述べたとおり、マス・メディアとは、1対Nの関係であるマス・コミュニケーションを媒介するメディアを広く指し示す。この定義にしたがえば、新聞やテレビだけでなく、送り手と受け手の関係性によってはインターネットのWebサイトやYouTubeなどの動画共有サイトなどもマス・メディアになりうる。一方で歴史的な経緯もあり、一般にはもう少し狭い意味で用いられることが多い。かつて広告業界では新聞・雑誌・テレビ・ラジオは「4マス」とよ

ばれ、マス・メディア＝４マスという理解も一般的であった（なお、これらの４マスを担う新聞社や出版社、放送局などを「マスコミ（マス・コミュニケーションの略）」とよぶことも多いが、厳密には狭義の「マス・メディア」とよぶべきだろう）。本章ではこのような、インターネット以前からある狭義のマス・メディアの社会的な役割を考えてみることから議論をはじめてみよう。

　みなさんは今の社会にもしマス・メディアあるいはマス・コミュニケーションがなかったら、どうなるか考えてみたことはあるだろうか。社会にあたりまえに存在するがそれを意識しづらい「インフラ」について考えるとき、このような思考実験をしてみることはある程度有効である。実際このような問いかけを大学生にしてみると、実にいろいろな答えが返ってくる。たとえば、「流行が広がらないので推し活が盛り上がらない」といった文化や娯楽の共有、「天気予報がわからないと傘をもっていくかどうか判断できない」といった生活情報の伝達、「日本国内で何が起きているかわからないため混乱が起こる」といった国や共同体における出来事の共有、「情報の伝達が遅くなり社会全体がスローになる」といったリアルタイムな時間の同期など、多くの「問題」が出てくることがわかる。逆にいえば、このような問題を表面化させずにさまざまなメッセージを伝達・共有するのが、社会におけるマス・メディアの役割として認識されている、ということだ。

■　■　マス・メディアが構築する「想像の共同体」■　……

　このような、マス・メディアによる文化や娯楽、生活情報、国や共同体における出来事の伝達・共有、時間の同期といったコミュニケーションは、どのようにして可能になったのだろうか。ここでは簡単ではあるがマス・コミュニケーションの歴史をさかのぼってみよう。

　近代社会におけるマス・メディアの成立において大きな役割を果たしたのは、ヨーロッパにおける活版印刷術の発明と普及だとされる。活版印刷の技術自体は中国を発祥とするといわれており、日本にも比較的早くから入ってきて

36　│　PART 1　メディア論の基本概念

いるが、近代ヨーロッパの出版産業の基礎となったのはヨハネス・グーテンベルクによる印刷業であった。活版印刷は、同一のメッセージを大量に複製することを可能にした最初期の技術であり、「産業」としてのマス・メディアの起源といってもよいだろう。このように大量に文字を複製できる印刷術は、時間・空間をこえて同一の記録を伝承できるという特徴をもつ。これは、複製された印刷物が流通することによって、直接会ったことのない（時間的・空間的に離れた）人々が共通の知識・情報を共有することが可能になったことを意味する。

　ベネディクト・アンダーソンは、この活版印刷と近代資本主義が結びついて「出版資本主義」とよばれる新たな社会状況を生み出したと論じる[1]。活版印刷は、言語の大量複製を可能にすると同時に、それまで地域によって多様性があった「俗語」を「出版語」に統一する役割も果たした。統一した「出版語」によってより多くの地域に印刷物を流通させれば、市場の拡大にもつながるというわけだ。そしてその読者たちは、印刷物というマス・メディアを通じて共通言語による一種の「共同体意識」を醸成することになる。つまりマス・メディアは、印刷物の書き手から読み手たちへの1対Nのマス・コミュニケーションを媒介するとともに、その読み手たちの間にコミュニティを構築する基盤を提供することにもなるのだ。それは、実際に読み手たちが相互に対話したり交流したりするということではなく、同一のメディアをとおして同一の言語を話し同一の知識を共有している「想像上の」仲間が印刷物の市場全体に実在するだろうという推定によって成り立っている。アンダーソンはこれを「想像の共同体」とよび、近代の「国民国家」の成立の必要条件のひとつとして論じている。そして、実際には直接会ったことのない人々が、同じ「国家」に所属する成員として連帯感をもち、想像上の国境を現実の社会の区画として理解することで、「ナショナリズム」が成立可能になると主張した。

　それには、印刷技術の発展によって定期刊行物として流通するようになった新聞というマス・メディアの役割も大きい。新聞は、その報道の対象を広域の空間的な範囲に定め、その空間における出来事を伝えるメディアである。ほと

んどの場合その空間は、日常生活において身体が移動できる空間よりも広域であり、新聞は自身が実際には行ったことのない空間を共同体内部の実在する場所として位置づける。読者は、メディアを通じてその場所の情報を知ることで、遠隔の土地であっても「同じ国の土地」としてある種の同胞意識を抱くことが可能になるのだ。さらに新聞は、もともと円環的な概念（季節や曜日など）で認識されていた地域共同体の時間を、広域の共同体において共通化された不可逆で直線的な時間として認識させることになる。これは新聞というメディア自体が毎日新しいものとなり、同じものが二度と出版されないということに対応している。

　このように、マス・メディアが浸透することによって、時間・空間・国民国家といった「秩序」が共有され、直接会ったことのない人同士が連帯することを可能にする「想像の共同体」が構築された、というのがアンダーソンの主張である。これは現代にも通じるマス・メディアの社会的な役割を考えるうえで重要な議論といえる一方で、一種の「メディア決定論」のような論法にもなっており、「国民国家」の体制の確立や「ナショナリズム」の浸透が、メディアによって一方的にもたらされるわけではないという批判もなされている。

　このようなマス・メディアがもたらす遠隔の地に対する知識や情報は、2章でも述べたとおり、必然的に限定され要約された部分的な情報にすぎない。ウォルター・リップマンは、そのようなパターン化されたイメージを「ステレオタイプ」とよんだ上で（2章）、そういった断片化された情報に基づく一面的な社会像に囲まれた状況を「擬似環境」と位置づけた[2]。また、ダニエル・ブーアスティンは、リップマンの議論を引き継ぎつつテレビなどのマス・メディアが積極的に「現実像」としてのイメージ（幻影）をつくりあげる役割をはたしていると論じ、そのようなつくられた現実像を「擬似イベント」とよんだ[3]。本来は社会で発生した出来事がまずあって、それを受けて必要な情報をマス・メディアが伝えるという順序だが、擬似イベントの場合はそれが逆転し、あらかじめ伝えられることを目的として出来事を発生させるのだという。たとえば「インタビュー」という形式は、マス・メディアがあらかじめそれを

報道することを前提にしくまれたイベントであり、このことによってマス・メディアはニュースを「製造」することができるようになる。オリンピックのようなスポーツイベントや、クイズ大会なども擬似イベントであり、マス・メディアは社会と独立して「ありのままの現実」を伝えるわけではなく、マス・メディアの介在が前提となって「現実」が編み変わっていくようになるのだ。

■■ マス・コミュニケーションの「効果」研究 ■ ……

　このような擬似環境や擬似イベントといった概念も「メディアによって社会が変わる」という図式を想起しがちであることには注意が必要である。リップマンやブーアスティン自身も注意深く論じていることだが、メディアと社会の関係は複雑なものであり、メディアが一方的に「情報操作」を行えば大衆がみんなだまされる、といった単純なものではない。メディア論を学ぼうとする大学生のなかにも、「（マス・）メディアの強力な影響力について研究したい」と語る例は非常に多く、（マス・）メディアは強い「影響力」をもち、「世論」を動かしているといったイメージは比較的社会に浸透しているようである。それ自体がマス・メディアに対するある種のステレオタイプ的な理解ともいえるのだが、その「影響力」については、「マス・コミュニケーション研究」とよばれる分野で長く議論がなされてきた。本節以降では、この「影響力」に関する理論の変遷について本書に必要な範囲で確認しておこう。

　マス・メディアの影響に関する研究はリップマン以降、1920 年代から蓄積があり、概ね 1940 年代ごろまでは「弾丸効果理論」とよばれ、マス・メディアが媒介する「プロパガンダ」が大衆の世論形成に与える強力な影響について研究されたとされる。しかし近年では必ずしも当時の研究において「弾丸効果」のような一方的な効果だけが前提となっていたわけではなく、むしろその後に出現した「限定効果理論」の研究者が過去の研究との対比を明確にするためにラベルづけしたものだともいわれている[4]。

　その「限定効果理論」とは、その名のとおりメディアの影響力には「限定」

CHAPTER 3　マス・コミュニケーション　39

があるとする考え方で、1940年のアメリカ大統領選挙について調査したポール・ラザーズフェルドらによる研究が契機とされる。当時の主要なマス・メディアであったラジオの影響について調査したこの研究では、実際にラジオを聴いて投票先の意見を変えた人はほとんどおらず、むしろ「受け手」が（その社会属性や居住地域などによって）もともともっていた政治的傾向にしたがって投票する傾向が強かった。それだけでなく、メディアとの接触に関しても、自分の意見に近い情報のみを選ぶ「選択的接触」を行っており、自分の意見に反する情報に接触する頻度は低かったという[5]。これは、マス・メディアで特定の意見を報道したとしても、それを受け止めるかどうかには受け手側の能動性が関わっており、簡単に意見を変えることはできないことを示している（この結果は2章で述べた確証バイアスという自身の信念を強化する心理的傾向と深く関係するだろう）。

　そして実際に意見を変えた人を追跡調査してみると、マス・メディアの影響よりも、共同体のなかにいる「オピニオン・リーダー」とよばれる有力者との対人コミュニケーションに影響を受けていることがわかった。そのオピニオン・リーダーはマス・メディアから情報収集し、それを周囲のフォロワーに伝える役割をはたすのだという。このように、マス・メディアからの情報伝播は、オピニオン・リーダーを媒介する「二段階の流れ」を経ることで、影響力が間接化すると説明されている。現代のメディア環境における「インフルエンサー」は、このオピニオン・リーダーの一種と考えることができる。メディア環境が大きく異なるため安易にあてはめることはできないが、特定のインフルエンサーがマス・メディア批判を行うことでマス・メディアの影響力を弱めつつも、そのインフルエンサー自身はフォロワーに対して強い影響力をもつという構造は、「二段階の流れ」の変形版といえるのかもしれない。

■■ マス・メディアと「現実認識」■ ....

このように、「人々の意見を変える」という意味でのマス・メディアの「効

果」については限定的であることが明確となり、1960年代以降は意見そのものというよりも、人々の「現実認識」に対する「影響」についてさまざまな研究が出てくるようになる。その端緒とされるのがマックスウェル・マコームズらによる「議題設定理論」である。マス・メディアが報道する「意見」ではなく、なにが議論の議題になっているのかという「争点」について、その報道量が多ければ多いほど、その争点が重要だと認識される、という理論である[6]。たとえば、「増税に関する議論が国会で行われている」という議題がマス・メディアによって報道された場合、その報道によって増税に対する意見（賛成か反対か）に影響を与えることは限定的である一方で、その報道が多くなされることによって増税という議題が社会において重要なものであるという認識を構築することはできる、ということだ。

　これは、2章でも述べたマス・メディアがもつ「ゲートキーピング機能」の重要性を含意する。これまで議論してきたとおり、メディアは現実に起きた出来事をすべて伝達・共有することは原理的に不可能であり、社会の特定の空間・特定の時間における特定の側面を「切り取って」エンコーディングすることしかできない。その結果として受け手が認識するのはリップマンのいう「擬似環境」と称されるような部分的な社会像であり、どの部分をどのように切り取るのかは送り手の「ゲートキーピング」という選別行為に依存してしまうわけだ。メディアは、そこで選別された議題の賛否についての影響を与えることはできないが、社会にどのような議題があるか、という現実認識についてはゲートキーピングの結果がある程度の影響を与えることになるのだ。

　現代のメディア環境においても、たとえばニュース番組がその日のニュースをどの順番で、どのような時間配分で伝えるか、あるいは新聞がどのニュースをどの紙面で、どの程度の大きさを割くのかなどのゲートキーピングは、マス・メディアの公共性の観点からも重要な判断となる。一方検索エンジンやSNSなどのデジタル・プラットフォームにおいてこのゲートキーピングを担うのはアルゴリズムである。これも同列にあつかうわけにはいかないものの、検索結果にどの情報をどのような順番で表示するのか、タイムラインにどの投

稿をどのような配置で表示するのか、その結果として接触する議題の種類や量に応じて、受け手が認識する社会像が異なってくる可能性があるわけだ。

　このようなマス・メディアによる議題設定の「効果」は、必ずしもあらゆる争点に対して作用するわけではないとの指摘もある。くりかえし論じてきたとおり、このような「効果論」は一方向的な因果論としてではなく、社会的な諸条件との相互作用として理解すべきである。議題設定研究においては、日常生活において直接情報がえられるような争点（たとえば、スーパーマーケットの物価の変化によってえられる景気の動向）を「直接経験争点」とよび、日常生活の範囲では直接知ることができないような争点（たとえば遠く離れた海外での軍事紛争）を「間接経験争点」と区別して分析すると、後者の間接経験争点のほうに議題設定効果が強くみられることが知られている[7]。

　また、マス・メディアによる現実認識への「影響」については、長期的なメディア接触による変化についても研究されている。ジョージ・ガーブナーとラリー・グロスは、テレビの視聴時間とそれに応じて構築される「現実観」について分析し「培養理論」を提唱した。テレビ番組、特にドラマなどの娯楽番組が構築する社会像は、現実の社会と乖離したものも多い。たとえば、テレビドラマには現実で発生するよりもはるかに多くの犯罪や暴力にかかわるシーンが登場し、出演者の多くが現実よりもかなり高確率で事件に巻きこまれる。あるいは、女性の登場人物には恋愛や家族ドラマに結びつけられたシナリオが非常に多い、などが挙げられる。このような「テレビ的」な「偏った」現実像も、長くテレビを視聴しているうちに「培養」され、現実の社会もそのようになっているという認識につながっていく、というのだ。実際ガーブナーらの調査では、テレビの視聴時間が長い群は、短い群に比べて、自分が暴力に巻きこまれる確率について高く見積もる傾向がみられたという[8]。

　このように、マス・コミュニケーションやそれを媒介するマス・メディアは、受け手のもつ社会像に対し、一定の「影響」を与え、それが人々の現実認識を構築するという側面がある。これらの理論の多くは、インターネットが普及する以前のメディア環境において調査されたものであり、現代の複合化した

42　│　PART 1　メディア論の基本概念

メディア環境にそのまま援用できるわけではない。一方でインターネットを含むデジタル・メディアは既存のマス・メディアを置換してしまったわけではなく、本章の冒頭でも議論したとおり、その社会的な役割はいまだ大きい。現代においては、いわばメディアを地層のように重層化したものとして、その複雑さをとらえなおしていく必要がある。インターネットを含むメディアの重層的な環境において、マス・コミュニケーションがいかに機能するのか、たとえば「インフルエンサー」による議題設定がどのように可能になるのか、アルゴリズムによるゲートキーピングにおいて公共性をどのように考えるのか、など本章の議論を接続しうる課題は多いといえるだろう。

---

1 Anderson, B.（2006=2007）*Imagined Communities: Reflections on the Origin and Spread of Nationalism Revised ed*, Verso.（白石隆・白石さや訳『定本 想像の共同体：ナショナリズムの起源と流行』書籍工房早山）

2 Lippmann, W.（1922=1987）*Public Opinion*, The Macmillan Company（掛川トミ子訳『世論』岩波書店）

3 Boorstin, D. J.（1962=1964）*The Image; or, What Happened to the American Dream*, Atheneum.（星野郁美・後藤和彦訳『幻影の時代：マスコミが製造する事実』東京創元社）

4 津田正太郎（2016）『メディアは社会を変えるのか：メディア社会論入門』世界思想社

5 Lazarsfeld, P. F., Berelson, B. and Gaudet, H.（1968=1987）*The People's Choice: How the Voter Makes Up His Mind in a Presidential Campaign 3rd ed.*, Columbia University Press.（有吉広介監訳『ピープルズ・チョイス：アメリカ人と大統領選挙』芦書房）

6 McCombs, M. E.（2014=2018）*Setting the Agenda: The Mass Media and Public Opinion, 2nd ed.* Polity Press.（竹下俊郎訳『アジェンダセッティング：マスメディアの議題設定力と世論』学文社）

7 稲増一憲（2022）『マスメディアとは何か：「影響力」の正体』中央公論新社

8 Gerbner, G. & Gross, L.（1976）Living With Television: The Violence Profile, *Journal of Communication, 26*（2）, 173-199.

PART 2

物質としての
デジタル・メディア

コンピューター

　現代のわたしたちの生活は、コンピューターというメディアに囲まれている。パソコン（パーソナル・コンピューター）やスマートフォン、タブレット端末はもちろんのこと、ゲーム機、デジタル化したテレビ（の受像機）や、炊飯器や洗濯機などにもコンピューターが内蔵されている。それだけではなく、コンビニやスーパーマーケットではコンピューター化されたレジがなければ決済が滞ってしまうし、駅では自動改札のコンピューターが乗客をさばいている。また、銀行のコンピューターがなければ給料の振り込みもできないし、コンピューターを内蔵したATMがなければ預金を下ろすこともできない。

　このようにわたしたちの生活に浸透しているコンピューターだが、そのしくみについて意識する機会は少ない。コンピューターはわたしたちのコミュニケーションの多くを媒介しているにもかかわらず、その介在が無色透明化してしまうという点で、まさにメディアであり、インフラである。では、そのメディアとしての特性、あるいは他のメディアと異なる固有性とはなんだろうか。

■■ コンピューターの歴史 ■■ ………………………………

　多くの人にとって、「コンピューター」というとノート型パソコンやスマートフォンのような、個人で利用する持ち運び可能な機器、というイメージが強いかもしれない。歴史上最初のコンピューターをなにと位置づけるかは議論が分かれるところだが、電子的な機構によって計算を行う機械、いわゆる「デジタル・コンピューター」の最初期のものは、第二次世界大戦前後に軍事目的で開発された。1940年代にアメリカ陸軍のプロジェクトで開発されたENIAC（エニアック）は、砲弾の弾道計算を行って着地点をシミュレーションする目的で開発され、のちには爆弾の設計にも活用された。ENIACは奥行き90センチ、幅30メートル、高さ3メートル、重さ3トンの巨大な機械で、17,000本以上の真空管を使い、手動で操作するスイッチが6,000個もあるもので、複雑な計

算を行う際には部屋の温度が50度にまで上がったという。今のパソコンからは想像もつかないような大型の設備であった[1]。

このような汎用の電子計算機の理論は、1930年代にアラン・チューリングが提示した「チューリング・マシン」とよばれる装置の構想を発展させたものだった。チューリングが目指したのは、どんな記号操作も忠実に模倣することができる機械、すなわち、それまで人間が行っていた計算行為を機械によってシミュレーションすることだった。結果として実用化されたコンピューターは、弾道のシミュレーションや爆発物のシミュレーションに応用され、現実に物理的な実験を行わなくても事前に仮想的な推定ができる可能性を切り拓いた。これは、コンピューターというメディアがもつ基本的な特性を物語っている。

このように、コンピューターは当初、国家や軍事機関が独占する大型の設備であり、一般の市民が活用できるものではなかった。1950年代以降、「メインフレーム」とよばれる大型のコンピューター装置が商用化され、民間の産業や研究分野でも使われるようになった。しかしそれでもメインフレームは高価で巨大な装置だったため、実際に利用できるのは資金のある大企業や研究機関に限られていた。そんななか、「個人用の（パーソナル）」小型で安価なコンピューターが構想されるようになったのは、1960年代以降である。このような一般市民が活用できるコンピューターは、大型のメインフレームを独占する国家や大企業への対抗文化（カウンター・カルチャー）を背景にもっていた。それは、より高度で複雑な計算能力を求めるのではなく、より日常的で使いやすいインターフェイスを指向するものでもあった[2]。

そのような意味での「パーソナル・コンピューター」をまとまった形で構想したのがアラン・ケイである。ケイは、マクルーハンの思想を引き継ぎつつコンピューターを明確にメディアとして位置づけ、1970年代に「パーソナル・ダイナミック・メディア」という概念を提示した。ノートサイズの個人用ダイナミック・メディア「ダイナブック」はその具現化に向けた設計構想である[3]。

図4.1をみてもわかるとおり、ダイナブックは現在のタブレット端末に近い、薄型でフラットなディスプレイを備えた小型のコンピューターで、以後の

CHAPTER 4　コンピューター　47

図4.1 アラン・ケイの描いたパーソナル・コンピューターの構想（出典：Kay, A. 1972[4]）

パソコンの原型となった。ケイは、Smalltalk（スモールトーク）というプログラミング言語を活用し、「コマンド（命令）」を文字で打つのではなく、画面上の画像をマウスなどで操作するGUI（グラフィカル・ユーザー・インターフェイス）の操作系や、ファイルやウィンドウ、スプレッドシートなどのメタファーを用いた「オブジェクト」など現代のデジタル・メディアのインターフェイスの基本的なアイディアを提示した。

　ケイは、コンピューターの技術的な構想だけでなく、そのメディアとしての可能性についても論じている。ケイはコンピューターのメディアとしての特性を「メタメディア」とよび、「他のいかなるメディアにもなりうるメディア」と表現した。そして、数値や文字のみならず映像や音楽など、さまざまな（既存の）メディアをダイナブック上で「シミュレーション」可能にすることを具体的に構想した。

■■ メタメディアとオブジェクト ■ ……………………

　コンピューターがメタメディアであること、「他のいかなるメディアにもなりうる」とはどういうことだろうか。その意味は、「オブジェクト指向プログラミング言語」とよばれるSmalltalkの思想にもあらわれている。「オブジェクト指向」とは、プログラミングの対象として、数値のようなデータ自体ではなく、仮想的な「オブジェクト（物体）」を操作する体系のことである。オブジェクト指向プログラミングでは、コンピューター上で仮想的な「オブジェクト」を構築し相互に「メッセージ」を送受信することで、現実の物体操作に近いシミュレーションを可能にする。たとえば「記憶媒体（メモリー）に文字

コードを保存する」という操作を直接記述する代わりに、「ファイルを開き、文字列を記入し、そのファイルを閉じる」という操作を記述する。ここでは「ファイル」という既存の文房具に見立てたメタファーが「オブジェクト」である。そのファイルに対して、コンピューター上で「開く」「記入する」「閉じる」といった現実の操作に対応する操作を再現することで、記録を残すというメディアの機能をシミュレーションしているのだ。

　現代のパソコン操作は、そのほとんどがこのようなオブジェクトの組み合わせによって構成されている。デスクトップ（机の上）、ウィンドウ（窓）、メール（手紙）、ブックマーク（しおり）など、構成要素の多くがコンピューターの外部に実在する物体をモデル化したメタファーである。それと同時に、「ファイル」や「メール」といったオブジェクトは、もはや文房具の「ファイル」や、紙の「手紙」とは異なる独自のメディアへと変容していく。ケイのいう「メタメディア」とは、このようなコンピューター上のオブジェクトの自由な操作に可能性を見い出し、さまざまな「創造的思考」を一般の人々が日常的に行える装置を構想したものだった。そして現代のパソコンやスマートフォンはこの構想を具現化し発展させたものといえる。

　レフ・マノヴィッチはこのようなメタメディアとしてのデジタル・コンピューターのことを、これまでのメディアとは質的に異なる「ニューメディア」と位置づけ、「ソフトウェア・スタディーズ」と称する新たなメディア論のパラダイムを提唱した。マノヴィッチによれば、コンピューターのオブジェクトは（1）数字による表象、（2）モジュール性、（3）自動化、（4）可変性、（5）トランスコーディングの5つの原則によって特徴づけられる[5]。

　（1）数字による表象とは、あらゆるオブジェクトが0と1のデジタル・コードによって数値化されているということである。そのことはオブジェクトが形式的（数学的）な操作によってプログラム可能であることを保証することになる。（2）モジュール性とは、オブジェクトを独立したひとかたまりの「部品」としてあつかうことができることを指す。たとえば「ファイル」というオブジェクトはその形式や内容を保持したまま、「フォルダ」という異なる種類の

オブジェクトに格納したり移動したりできるが、その際に「ファイル」や「フォルダ」自体の内部構造が崩れることはない。(3) 自動化とは、オブジェクトに対する一定の形式的な操作を、コンピューターが自動的に実行できることを指す。(4) 可変性とは、オブジェクトの状態を（物質的な制約に固定化されることなく）改変することができ、潜在的には無数の「バージョン」が存在しうることを指す。そして (5) トランスコーディングとは、コンピューターがオブジェクトを扱う論理が、人間の文化自体にも影響をおよぼすことを指す。たとえば「メール」というオブジェクトがコンピューターの論理にしたがうことによって、郵送する手紙とは異なるコミュニケーション文化が構築されることである。

このような特徴それ自体、「ソフトウェア」が「ソフト」であることの意味であるといえる。コンピューターの電気処理をする機械部分を指す「ハードウェア」は物質としての直接的な制約によって容易に改変できない。一方でコンピューターのもつメタメディア性は、容易に（ソフトに）改変しうるというソフトウェアの特性に支えられている。マノヴィッチが「ニューメディア」の研究を「ソフトウェア・スタディーズ」と名づけたことは、メタメディアの「ソフト」な特性を強調し、既存のメディアと質的に異なるものとしてとらえる立場といえる。一方で、このように「ニューメディア」を既存のメディアとは異なるものとしてその断絶を強調することには批判もある。

その意味では、1章でも紹介したフリードリッヒ・キットラーの議論に立ち戻って検討してみることも有効だろう。キットラーは「ソフトウェアなど存在しない」という象徴的なタイトルの論文で、むしろこのようなソフトウェアが何層にも重なることによって、ハードウェアの制約を覆い隠してしまうことを批判的に論じた[6]。ソフトウェアはそのオブジェクトの次元では容易に改変可能だが、そのオブジェクトの実体は突きつめればCPUなどのマイクロ・プロセッサーが処理する0と1のデジタル信号、すなわち電気的なオンとオフの組み合わせで構築されたものだ。コンピューターのハードウェアはこの電気信号を処理する物質的な人工物であり、実際にはソフトウェアはハードウェアと独

立して動作するわけではない。キットラーはマイクロ・プロセッサーなどのコンピューターの物質的なしくみに目を向けることを主張するのだ。

■■ デジタル・コンピューターのしくみ ■ ……………

ではコンピューターの物質的なしくみとはなんだろうか。本節では情報科学におけるごく基本的な設計構造の説明図式について、必要な範囲で確認しておこう。一般に現代のデジタル・コンピューターは、制御装置、演算装置、記憶装置、入力装置、出力装置の５つの要素で構成される（図4.2）。これはパソコンに限らず、スマートフォンなどの端末でも同様の考え方である。もう少し身近なことばでいえば、制御装置と演算装置はCPU（Central Processing Unit）、記憶装置はメモリーやハードディスク、入力装置はキーボードやマウス、出力装置はディスプレイ、のことである。

コンピューターの基本的な処理を大ざっぱにいえば、制御装置の指示する処理順序にしたがい、入力装置から送信された電気信号に基づいて演算装置がその内部で０と１の信号の組み合わせを組み替え、その結果を記憶装置に保存する。その記憶装置に保存された計算結果を用いて演算装置が次の処理を行ってまた新しい結果を記憶装置に保存する。このくり返しによって一定の結果がえられたら、出力装置に記憶装置の結果を出力する、というような流れをたどる。コンピューター内部で０と１の２値、すなわちオンとオフの電気信号によって識別することができる単位を「ビット」とよぶ。ビットは２進数の１桁に相当し、ビットを並べることで２進数の数値を表現することができる（ちなみにビッ

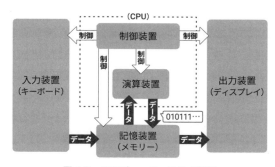

図4.2　コンピューターの５大装置

CHAPTER 4　コンピューター　51

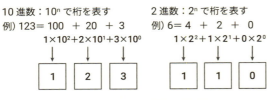

図4.3　10進数と2進数の基本記法

ト(bit)とは英語で「2進数の桁」という意味のbinary digitの略である)。2進数とは、日常で使われる10進数が9まで数えて10に達したら次の桁に繰り上がるように、1数えて2に達したら次の桁に繰り上がる記法である(図4.3)。

　0から順に1ずつ数字を足していくと、10進数の場合は0,1,2,3,4,……8,9,10,11……となるが、2進数の場合は0,1,10,11,100,101,110,111,1000……となる(表4.1)。このように10進数では数字を10種類用いるのに対して、2進数では0と1の2種類のみを用いることになる。ここでは細かい計算の仕方ではなく、理論上あらゆる数値が0と1の2値の組み合わせで表現可能であり、それがコンピューター内部で電気信号を用いたビットの列として「ハードウェア上で」処理できることが重要なポイントである。一般にコンピューターのデータはそのビットを8桁集めた8ビットを1つのかたまりとして「バイト」という単位で管理する。パソコンの保存容量や、携帯電話の通信量をあらわす「ギガバイト(GB)」というのは、約10億バイト(=80億ビット)のことである。

　制御・演算装置(CPU)の内部には、「レジスタ」とよばれるビット列の格納庫がいくつかあり、レジスタに2進数の数値を出し入れして、その数値同士を演算することでさまざまな処理を行う。複数のレジスタのビット列の電気信号をどのように変換するかの組み合わせによって、四則演算ができるように設計されている。

表4.1　10進数と2進数の対応関係

10進数	2進数
0	0
1	1
2	10
3	11
4	100
5	101
6	110
7	111
8	1000
9	1001
10	1010
11	1011

イメージしやすい例でいえば、「シフト演算」といってビット列を1列左にずらすという操作をすれば、2倍の掛け算をしたことになる（図4.4）。このようなビット演算

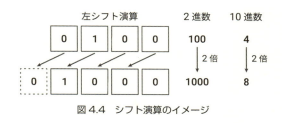

図4.4　シフト演算のイメージ

やレジスタへの数値の入出力を順番に行うことで、データを変換してより複雑な処理を行っているのがコンピューターの基本的なしくみである。

　このCPUの処理は有限個のパターンで定義でき、その処理パターンに数値のコードが振られている。これが機械語（マシン語）とよばれるプログラムである。このコードは数値のため、人間がみてもどんな処理をしているのかがわかりにくい。そこで、それぞれのコードに人間がわかるような処理名のラベルをつけたものが、もっとも低水準な（一番ハードウェアに近い水準という意味）プログラミング言語である「アセンブリー言語」だ。しかし、アセンブリー言語はCPUの内部構造に依存するため複雑で高度な処理の記述には向いていない。そこで、一定の処理のかたまりをモジュール化することで人間が記述しやすいように考案されたのが、高水準プログラミング言語である[7]。高水準プログラミング言語は、「コンパイル」という工程によって機械語に変換することで、CPU上での実際の演算を可能にしている。たとえば、足し算や掛け算をするにもレジスタの値のビット演算を直接記述するのではなく、「+」などの人間が理解しやすい記法で式を書けば、コンパイラーがそれをビット演算に変換して実行可能にするようにつくられている。抽象的なオブジェクトを処理するためには何層にもモジュール化されたプログラムが必要であり、それを可能にするしくみのひとつがケイのSmalltalkという「きわめて高級な」言語であった。ケイは自身の論文で、このプログラミング言語の階層構造をわかりやすく図式化している（図4.5）。

　実際のデジタル・コンピューターでは、このCPUやメモリーと入出力装置の接続を管理するためのBIOS（Basic Input Output System）とよばれる制御プロ

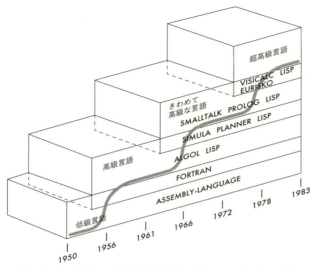

グラムがあり、そのBIOSの制御を前提としてOS（Operating System）が動作している。OSとは、WindowsやMac OS、UNIXといった、コンピューター上の基本操作を管理・制御するソフトウェアのことで、一般にCPUや入出力装置とのやりとりは、このOSを介し

図4.5　プログラミング言語の階層構造（出典：Kay, A. 1984=1992[8]）

て行うことになる。そしてそのOS上でさまざまな目的に応じたオブジェクトの操作をユーザー自身が行うためのソフトウェアが、アプリケーション・ソフトウェア（アプリ）である。キットラーが批判したマイクロ・プロセッサーの「プロテクト・モード」とは、OSだけが特権的に処理できる命令セットをあらかじめ定めることで、チップメーカーやOSメーカーによる機能独占が可能となり、ユーザーが実際にはハードウェアを自由に利用できないことの政治性を指摘したものだ[9]。

■■ コンピューターの物質性 ■■

　わたしたちの生活を取り囲んでいるあらゆるコンピューターは、このようなハードウェアの要素技術によって動作している。ソフトウェアであるプログラムは、電気信号を演算装置と主記憶装置の間でどのようにやりとりするか、その手順を定め、よりハードウェアに近い「低水準」の指示から、それをモ

ジュール化してオブジェクトなどの抽象的な操作を可能にする「高水準」な指示まで、複数の層によって構成されている。たとえば、最も「低水準」の層において、前節で示したような「シフト演算」という物理的な操作は、一段高次の層ではある数値に対して2倍する、という数学的な操作に置換される。その数学的な操作は複数組み合わせることで乗算としてモジュール化し、他のモジュールと組み合わせて四則演算を行うなど、より高次の層における複雑な処理を可能にする。さらに高次の層では、モジュール化した四則演算と、出力装置のピクセルごとの表示色を数値で表現するカラーコードとを組み合わせて、文字や図形を出力し、それらの処理をモジュール化することでオブジェクトを操作可能にする。コンピューターというメタメディアのリテラシーとは、このようなハードウェアからソフトウェアへの階層構造に対する想像力を身につけることでもある。キットラーが主張しているのはまさにそのような階層構造の連続性を隠蔽しないでおくことの重要性である。

　これを逆に考えてみると、わたしたちが高度なソフトウェアの上でさまざまなシミュレーションを行うことの物質性がみえてくる。メタバースなどのVRだけでなく、デジタル・コンピューター上で実現されるゲーム、映像コンテンツの再生など、実質的に無制限に複製したりくり返したりすることが可能にみえるオブジェクトの処理は、コンピューターのハードウェアの演算処理や記憶装置の容量、その際に使用される電力によって実現されている。ケイやその後のマノヴィッチの語るメタメディアの特性は、既存のメディアとの質的な違いを理解する上で重要な視点である一方、物質的な制約から独立した「ソフト」な性質ととらえるべきではない。メタメディアもメディアなのであり、メディア論で考えるべきなのはそのメディアの「コンテンツ」ではなくそれを知覚可能にするモノとしてのメディアの存立構造なのである。

　デジタル・トランスフォーメーション（DX）とは、まさに既存のメディアが媒介しているコミュニケーションを、メタメディアに代替させようとする社会的な動きである。もちろんそれによって、既存のメディアがもっている物質的な制約を取りはらい、創造的で「効率的な」コミュニケーションが可能になる

CHAPTER 4　コンピューター　｜　55

ことは重要だ。一方でそれは物質的な資源の節減になるのか、慎重に考えてい
く必要がある。近年の情報処理の総量は、特にAIの利用がさかんになるにつ
れて爆発的に増加している。それらのすべてを、デジタル・コンピューターの
ハードウェアが物質的に実現しているのだ。もちろん単位処理あたりの演算装
置の電力消費量は減っていく傾向にあるが、それ以上に情報処理の総量は増加
しているのが現実だ。そのためプラットフォーム企業は巨大なデータセンター
を運営し、そこにコンピューターを集中的に配置しているが、その電力消費量
は莫大なものであり環境への影響も無視できない。AIが普及する社会のメディ
アが高度化すればするほど、このコンピューターというハードウェアへの「低
水準の」物質性に対する想像力が重要になってくるのだ。

1　Rheingold, H.（2000=2006）*Tools for Thought: The History and Future of Mind-Expanding Technology Revised Edition*, MIT Press.（日暮雅通訳『新・思考のための道具：知性を拡張するためのテクノロジー──その歴史と未来』パーソナルメディア）

2　西垣通編著（1997）『思想としてのパソコン』NTT出版

3　Kay A. C. & Goldberg, A.（1977=1992）Personal Dynamic Media, *Computer*, 10（3）, 31-41（鶴岡雄二訳・浜野保樹監修『アラン・ケイ』アスキー出版局』）

4　Kay, A. C.（1972）A Personal Computer for Children of All Ages, *Proceedings of the ACM National Conference, Boston Aug. 1972*

5　Manovich, L.（2001=2013）*The Language of New Media*, The MIT Press.（堀潤之 訳『ニューメディアの言語：デジタル時代のアート、デザイン、映画』みすず書房）

6　Kittler, F.（1993=1998）*Draculas Vermächtnis: Technische Schriften*, Reclam.（原克・大宮勘一郎・前田良三・神尾達之・副島博彦訳『ドラキュラの遺言：ソフトウェアなど存在しない』産業図書）

7　Kernighan, B.（2021=2022）*Understanding the Digital World: What You Need to Know about Cumputers, the Internet, Privacy and Security 2nd Edition*, Princeton University Press.（酒匂寛訳『教養としてのコンピューターサイエンス講義：今こそ知っておくべき「デジタル世界」の基礎知識 第2版』日経BP社）

8　Kay, A. C.（1984=1992）Computer Software, *Scientific American*, 251（3）, 52-59.（鶴岡雄二訳・浜野保樹監修『アラン・ケイ』アスキー出版局）

9　Kittler, F.（1993=1998）前掲書

CHAPTER 5
インターネット

　現代の日常生活において、コンピューターとともに欠かせないインフラとなっているのがインターネットである。コンピューターもインターネットも、わたしたちの日々のあらゆるコミュニケーションにおける主要なメディアだといっても過言ではないだろう。とくにコロナ禍以降、遠隔におけるコミュニケーションを媒介するメディアとして、その役割はますます拡大してきた。インターネットが普及する以前は、テレビ、ラジオ、新聞、電話などのメディアがそれらの役割を果たしていた（もちろん現在でもこれらのメディアが果たす役割は小さくない）。これらのメディアの特徴は、それぞれのネットワークを管理する機関や企業が明確に存在するということだ。ではインターネットはいったい誰が管理しているのだろうか？　実はインターネットには明確な「管理者」は存在しないことになっている。「インター」の意味は、「つなぐ」という意味が含まれており、「インターネット」とはネットワーク同士をつないだネットワーク、という含意がある。このようにインターネットは、もともと個別に形成されていたコンピューターネットワークの間をつなぐ規格としての位置づけだった。本章ではこのようなインターネットというメディアの特性について考えてみよう。

■■ インターネットの歴史 ■ ……………………………

　一般に、コンピューター同士の通信の手順を示す規格のことを「プロトコル」という。たとえば、Webサイトの要求と表示に使われるプロトコルとして、「HTTP（Hyper Text Transfer Protocol）」というものがある。Webサイトを開くときに「URL（Uniform Resource Locator）」とよばれる文字列をみかけることがあると思うが、その先頭には「http://」や「https://」といったプロトコルを識別する文字列が含まれている。インターネットは、複数のネットワークを接続し、異なる種類の端末同士であってもコミュニケーションを可能にするため、このような「プロトコル」によって管理されている。インターネットは、

特定の機関や企業が全体を管理するのではなく、ユーザー同士が協議しプロトコルという規格を合意し、実際に端末がそのとおりに動作することによって成り立っているのだ。このことは、インターネットの歴史的な経緯とも関わる。

インターネットの起源は、アメリカ国防省の高等研究計画局（ARPA）が1969年に発表したARPANET（アーパネット）といわれる。このARPANETは、それまで大型のメインフレームによる高度な計算処理が中心だったコンピューターを、人間同士のコミュニケーションを媒介するメディアとして用いる「対話型コンピューティング」の実現に向けた実験であった[1]。その基本となるアイディアは、やりとりするデータを「パケット」とよばれるモジュール（部品）に分割し、その「パケット」の交換を制御するためのプロトコルによってコミュニケーションを可能にするというものだった。「パケット」とは日本語では小包の意味だが、ちょうど同じ大きさの複数の箱にデータを小分けにして詰めて、宛先を書いて貨物列車に積みこむようなイメージだ（1章の議論をふまえれば、まさにパケット＝コンテナー＝メディアである）。プロトコルによって小包となる箱の大きさや宛先ラベルの配置などが統一されているために、データの容量や種類にかかわらず効率よく伝送ができるしくみになっている。また、ARPANETは通信に際して、中心となるコンピューターの管理を前提としない「分散型」のネットワークとなっており、たとえば経路上のコンピューターに故障があっても別の経路を迂回するような通信が想定されていた[2]。

この「パケット」を「分散型」ネットワークで送受信するという考え方は、その後各国の大学や研究機関同士の相互ネットワーク構築にそのまま引き継がれ、1980年代に出現した「TCP/IP」というプロトコルの普及とともに「インターネット」とよばれるようになった。当初のインターネットは、現在のようなGUIベースのものではなく、コマンドベースのもので、文字を打ち込んでやりとりをすることが基本であり、電子メールやニュース、FTP（File Transfer Protocol）とよばれるファイルのアップロード・ダウンロードなどが中心であった。

1990年、ティム・バーナーズ゠リーが提案したのが、現在ではインターネットの主要サービスとなったWWW（World Wide Web）である。「ハイパー

58　PART 2　物質としてのデジタル・メディア

リンク」によって文書間を自由に行き来する「ハイパーテキスト」というアイディア自体は、1970 年代にテッド・ネルソンらによって提示されていたが、バーナーズ = リーは、それをインターネット上で実装するプログラムを開発し、HTTP というプロトコルを確立した。バーナーズ = リー自身が開発した初期のブラウザーは、テキストの読み書きに特化したものであったが、1993年にマーク・アンドリーセンとエリック・ビナが開発した Mosaic（モザイク）というブラウザーは、マウス操作で画像を含むカラフルな Web ページを簡単に閲覧できることから大人気となり、WWW が世界中に広がる契機となった[3]。

　このようなブラウザーをつかってハイパーリンクをたどりながらさまざまな Web ページをみることを「サーフィン」とよび、初期の WWW では一般的な情報探索の方法だった。Web ページを記述するための HTML（Hyper Text Markup Language）という言語はシンプルで習得が容易だったこともあり、一般の個人が HTML を記述し Web ページを作成し公開することができた。WWW 以前には、一般の個人が世界中に発信できるメディアはきわめて限定されており、初期の WWW が人気をえた大きな要因は、その「送り手になれる」という魅力であった。誰もが送り手になれるというメディアとしての社会的な特性は、「分散型」とよばれるインターネットの技術的な特性と合致し、インターネットに接続する Web サーバーや端末の数は爆発的に増加していったのだ。現在の SNS へとつながる、インターネットのメディア文化はこのように始まった[4]。

■ ■ インターネットのしくみ ■ ……………………………

　インターネット技術の中心的なプロトコルである TCP/IP とは、TCP（Transmission Control Protocol）と IP（Internet Protocol）の 2 つのプロトコルを指す。インターネットは、図 5.1 のように 4 つの階層で通信を管理している。

　IP は下から 2 番目のインターネットプロトコル層、TCP は下から 3 番目のトランスポート層に対応するプロトコルである。一番下の階層はネットワーク

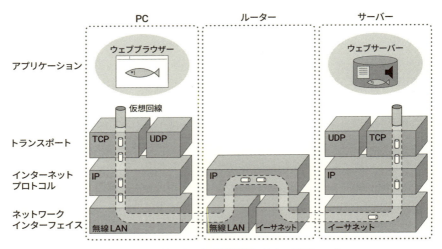

図5.1　インターネットの階層構造（出典：村井純 2014[5]）

インターフェイス層とよばれ、実際にコンピューター同士が電気信号をやりとりするための規格が定められている。先ほどの小包の例でいえば、小包を運搬する貨物列車の線路網のような、物理的な伝送路を規定するイメージだ。その伝送路によって運搬される小包は IP パケットとよばれ、2 番目の階層にある IP によってその大きさや内容が決められている。IP パケットには分割されたデータ本体に、送信先や送信元の「住所」を示す「IP アドレス」というデータが付加される。まさに小包に宛先ラベルを貼るイメージだ。3 番目の階層にある TCP は、分割された IP パケットがエラーや欠落なく届いたかどうかを確認するためのチェック情報を規定している。これは、複数の小包がちゃんと宛先に到着したことを保証する書留のようなしくみだ。最上位の階層であるアプリケーション層では、これらの下層で伝送されたパケットのコンテンツを利用して、実際のユーザーにとって必要なコミュニケーションを実現するための各種のプロトコルが定義されている。先述した HTTP はアプリケーション層の代表的なプロトコルである。HTTP では、URL に基づいて Web ページを表示するためのデータの形式を取り決めている。Web サーバーや Web ブラウ

ザーは、このHTTPというプロトコルにしたがってコンテンツの送信や表示を行う。プロトコルの取り決めにしたがって配列されたデータが、IPパケットに分割され、そのパケットが電気信号として伝送され、TCPによってチェックされることによって、コミュニケーションが実現されるのだ。この階層構造による管理は、上位のプロトコルが下位のプロトコルの実装を意識する必要がないため、物理的なハードウェアの制約を間接化して、ソフトウェアとしての自由度を高める効果をもつ。

　これは4章で論じた、コンピューターにおけるソフトウェアの階層構造と同型的である。このような、上位のソフトウェアが下位のソフトウェアに依存しないですむ構造は一般に「ブラックボックス」とよばれる。たとえば、Webページを表示するためのHTTP通信を考えるとき、無線接続のスマートフォンも有線接続のパソコンやWebサーバーも、HTTPというプロトコルの水準では同等にあつかうことができる。それは、伝送路上の電気信号を扱うプロトコルが最下層のネットワークインターフェイス層で処理され、そこでWiFi等の無線通信なのか、光ファイバー等の有線での通信なのかの物質的な違いを吸収しているからだ。つまり、上位のプロトコルであるIPやTCP、HTTPにおいては、伝送路が有線なのか無線なのかといったハードウェアの処理はブラックボックスとして扱うことができるわけだ。ソフトウェアやネットワークは、何層ものブラックボックスによって、ユーザーが実際に体験するコミュニケーションを構築している。そして、わたしたちはコミュニケーションの「コンテンツ＝メッセージ」に注意を向けることが可能になり、それを実現可能にしている何層ものコンテナー＝メディア構造は背景化してしまう。メディアを考えることとは、このようなブラックボックスの階層構造に目を向けることでもあるのだ。

　インターネットの「分散型」という考え方について、村井純は鉄道網に類似したものとして説明している。コンピューターが駅で、路線がネットワーク、駅のなかにははじっこを意味する「端末」にあたる終着駅もあれば、複数のネットワークの接点となる乗換駅もある。この乗換駅にあたるコンピューター

が、具体的には「ルーター」や「ゲートウェイ」とよばれる装置である。それぞれの路線や駅はさまざまな鉄道会社が運営しているが、鉄道網全体を制御したり支配している存在はない[6]。

　村井によれば、インターネットの運用において重要なのは到達性と冗長性という2つの概念である。到達性とは、ネットワーク上のどの駅からどの駅へも、路線を乗り換えながら必ずどこへも行けるようにルートが確保されているということである。冗長性とは、事故や故障によって一部の路線が止まっても、別の乗換駅や路線を経由して（時間はかかったとしても）ほとんどの駅に行くことができるということである。すべての路線が完全に停止しないことを保証するのではなく、一定の不安定さを許容し、その代わりに迂回路を複数用意するという考え方は、インターネットが低コストで接続先を増やしていける自由と、全体としての頑健性確保の両立を可能にしている。

■ ■ プロトコルと「管理＝制御」の論理 ■ ……………

　インターネットといえばWWWのことを指すことも多いが、インターネット＝WWWではない。プロトコルの4層構造からみれば、WWWを実現するHTTPはアプリケーション層のプロトコルの1つである。アプリケーション層にはHTTP以外にも、メールの送受信を行うSMTPや、ファイルの送受信を行うFTPなどのプロトコルがあり、それぞれ異なるサービスを実現している。アプリケーション層のプロトコルは、下層での機械同士のコミュニケーションを土台として、実際に人間のユーザーがネットワークを介したコミュニケーションを可能にする役割をはたしている。したがって、その「コンテンツ」にあたるデータは、人間が理解可能なテキストや画像やファイルといったオブジェクトである。

　アプリケーション層には、URLに含まれるサーバーのホスト名やドメイン名（たとえば、www.hokuju.jp のような、人間が見ても一定の意味がわかるドット区切りの文字列）をIPアドレスに変換するDNS（Domain Name System）というシステム

も定義されている。DNS は、.jp のような特定の国や地域を表す 2 文字のコードまたは .com のような組織形態を表す 3 文字のコードを最上位（トップレベルドメイン）と位置づけ、右側からドット区切りでドメイン名を階層管理する。たとえば、www.hokuju.jp は、.jp ドメインの下位に hokuju ドメインが登録され、その下の www などのホスト名は hokuju ドメインの管理者である北樹出版が命名・管理できる。この管理権限はトップレベルドメインから階層的に下位のドメインに委任され、重複なく秩序を保って URL をユニークに定めることができる。逆にいえば、登録なしにドメイン名を自由に名乗ることはできない。DNS は、人間がつけたホスト名やドメイン名などの名前をコンピューターが通信可能な IP アドレスへと変換することから「名前解決」ともよばれる。

　アレクサンダー・ギャロウェイは、この DNS を例に挙げ、マノヴィッチのソフトウェア・スタディーズの立場を参照しつつ、プロトコルの両義的な性質を指摘している。TCP/IP による、モジュール化されたパケット通信と「無秩序」な経路設定は、接続する端末が無尽蔵に増えつづけることを許容しており、「分散化」を促進するものである。その一方、DNS が実現しているのはユニーク性が保証された「名前解決」であり、これこそが TCP/IP の「分散化」とは逆の、厳密な階層構造に基づく「秩序化」を遂行するのだ。実際最上位の制御を行う DNS ルートサーバーは、世界にわずか 13 か所しかなく「分散」しているとはいいがたい。この相対するプロトコルの組み合わせによって、インターネットは全体として「管理＝制御（control）」されているというのだ[7]。

　このようにインターネットは、技術的には「分散型」といわれる一方で、文化的には「秩序」を保って管理＝制御されており、だからこそプロトコルというソフトウェアの水準に目を向けることが重要であるとギャロウェイは指摘する。これは、インターネットを外部から観察し、その実装をブラックボックスとしてあつかうことで、結果としてそれがあたかも予測不可能なリゾーム的な（秩序や階層、中心的な組織を欠いた）存在だととらえるそれまでの情報社会論の見方に対する重要な批判であった。このようにプロトコルのような技術を疎外せずに（ブラックボックス化せずに）社会との相互構成に視座をおいてメディアをみ

CHAPTER 5　インターネット　│　63

つめ直すことは、デジタル・メディアの存立構造や文化を解釈するために重要な視点といえるだろう。このようなメディアの技術的側面について、これまでのメディア研究は十分に対象化できているとはいいがたい。その意味でもマノヴィッチやギャロウェイのような議論は、キットラーが批判的に論じたメディアの物質性に内在的にふみこんだ観点として貴重であるとともに、トロント学派が主張したメディアそのものへのまなざしを回復する可能性をもっている。

■■ インターネットの変容と「Web2.0」■ ……………

　ギャロウェイの前掲書が出版されたのは 2004 年であり、初期のインターネットの特性を理解する上で重要な議論となっている。その後の 2005 年は、「Web2.0」という言説が出現し、WWW が「次世代」に変容したという理解が社会的に広がっていくタイミングである。「Web2.0」とは、ティム・オライリーが提唱した概念で、ビジネス的な背景も含めた WWW のメディア環境の変化に対応している[8]。「Web2.0」の可能性について日本で論じた梅田望夫の『ウェブ進化論』はベストセラーとなり、「ブログ」による「総表現社会」の到来が力強く論じられた[9]。ブログとは、Weblog の略で、HTML などの専門知識がなくても Web ページの記事をブラウザー上で発信・編集できるしくみのことを指す。先述のとおりブログの登場以前から、誰もが送り手となれる WWW は一般の人々が発信できるメディアであったが、このころは「商業化」が進行し、「プロ」による Web ページ制作が確立するとともに、Google による検索エンジンの一元化がすすむことで、アマチュアの制作した Web ページに注目を集めることが難しくなっていた。インターネットがもともともっていた「カウンターカルチャー（対抗文化）」的な性質、すなわち中央集権的な管理者がいないことでユーザー自身が自由に発信できる空間としての性質が、その規模の拡大とプロトコルの論理によって徐々に失われ、「送り手」と「受け手」が分離するような状況になっていたのだ。

　ブログは、相互のリンクやトラックバックなどの機能によって記事同士の連

携を容易にするとともに、専門的な対策を行わなくても検索エンジンに表示されやすいしくみを備えていたため、一般ユーザーの「発信」が再び活発化した。ただし、これはインターネットの自由の復元というよりも、あらかじめ様式の決められたプラットフォームがプロトコルの複雑さを覆い隠し、その上でプラットフォーム事業者がデザインしたコミュニケーション様式にユーザーがしたがわされるという図式を含意するものであった。それでもこのようなユーザー自身によって生成されるコンテンツのことを広く UGC（User Generated Contents）とよぶようになり、これが「総表現社会」の象徴として歓迎された。タッチパネル式のスマートフォンの登場と、SNS（Social Networking Services）とよばれるプラットフォームが普及するのは、この 3 〜 4 年後のことである。

　北田暁大は 2005 年に、このようなブログや掲示板とよばれる交流サイトの状況をふまえて「繋がりの社会性」という概念を提示した。UGC が中心化した Web のコミュニケーションが、なにかのメッセージを伝えるための手段ではなく、「繋がり」を継続し、「繋がっている」ことを確認する目的となっていることを指摘したものだ [10]。この傾向は、「フォロー」や「いいね！」によって「繋がり」を可視化するその後の SNS においてさらに加速しているといえるだろう。UGC のメディアを利用する目的は「何か伝えたい用件があって、それを伝達するために使う」ことよりもむしろ、「相手と繋がっていること、時間や情報を共有していることを確認するために使う」ことが中心になっているのだ。

　この「繋がりの社会性」は、つながっているユーザー同士の交流を気軽に促進し継続していくという点では、コミュニケーションの活性化にも寄与する側面がある。その一方でそれが過剰になると、弊害も出てくる。たとえば、「繋がり」が自己目的化することで、「繋がりっぱなし」を指向するようになり、いつも SNS をチェックしないと気がすまなくなってしまうことはそのあらわれである。本当はそこに「情報」として必要なものがないとわかっているにもかかわらず、フォロワー同士の「繋がり」が切れてしまうことが不安になるあ

CHAPTER 5　インターネット｜65

まり、「繋がり続ける」ことが目的化してしまうのだ。

　UGC と「繋がりの社会性」というコミュニケーション様式によって特徴づけられる「Web2.0」は、これまでのプロトコルによる階層構造のさらに上層に、デジタル・プラットフォームによる階層が重層化することによって実現している。なぜなら、ブログや SNS のような UGC のインターフェイスは、HTTP というプロトコルの技術仕様を意識することなく、HTTP を用いたメッセージの伝達・共有を可能にするしくみだからだ。「Web2.0」は、コンピューターやインターネットのソフトウェア階層を、全体として隠蔽し、ブラックボックス化をより深くする装置であると同時に、メディアの重層的な媒介を不可視化しメッセージへのアテンションを強めるしくみとして作用する。「繋がりの社会性」とは、メディアの不可視化とメッセージへのアテンションがもたらしたコミュニケーションの逆説ともいえるだろう。

1　喜多千草（2003）『インターネットの思想史』青土社
2　村井純（2014）『インターネットの基礎：情報革命を支えるインフラストラクチャー』KADOKAWA
3　Berners-Lee, T.（1999=2001）*Weaving the Web: The Original Design and Ultimate Destiny of the World Wide Web by Its Inventor*, Harper San Francisco.（高橋徹監訳『Web の創成：World Wide Web はいかにして生まれどこに向かうのか』毎日コミュニケーションズ）
4　宇田川敦史（2019）「検索エンジン・ランキングのメディア史：パソコン雑誌における検索エンジン表象の分析」『マス・コミュニケーション研究』94, 131-149
5　村井純（2014）前掲書
6　村井純（1995）『インターネット』岩波書店
7　Galloway, A. R.（2004=2017）*Protocol: How Control Exists after Decentralization*, The MIT Press.（北野圭介訳『プロトコル：脱中心化以後のコントロールはいかに作動するのか』人文書院）
8　O'Reilly, T.（2005）What Is Web 2.0, Sep. 30, 2005, O'Reilly Media.（2024-02-18 取得, http://www.oreilly.com/pub/a/web2/archive/what-is-web-20.html）
9　梅田望夫（2006）『ウェブ進化論：本当の大変化はこれから始まる』筑摩書房
10　北田暁大（2005）『嗤う日本の「ナショナリズム」』NHK 出版

Workshop! 2

スマートフォンの利用履歴をチェックしてみよう

　日常化し毎日のように利用しているスマートフォンだが、わたしたちは多くの場合、そのコンテンツのみにアテンションをはらい、スマートフォンというメディアとの全体的な関係については意識されにくい。そこで、本ワークでは以下の手順で、スマートフォンとのかかわりを見直してみよう。

1. 自分自身のスマートフォンで利用しているアプリ・サービスとその利用時間（1日あたりの平均）について、まずはスマートフォンを開かずに、記憶を頼りに書き出してみよう。

（例）	予想	実績
X	60分	100分
Instagram	40分	30分
YouTube	30分	90分
……		

2. 今度はスマートフォンを開いて、実際の利用実績を確認して、1. と同じように、1日あたりの平均利用時間を書き出してみよう。スマートフォンの利用実績は、iPhone の場合は「設定」→「スクリーンタイム」、Android の場合は「設定」→「Digital Wellbeing」などのツールで確認することができる（設定やバージョンによってはこれらが確認できないこともあるが、その場合はバッテリーの利用量などが参考になる）。

3. 1. の予想時間と、2. の実績時間を比較して、自分の予想と実績がどの程度違うのか／合っているのかを確認し、違っていた場合はなぜなのか考えてみよう。また、長時間利用しているものがあれば、それをなぜ使いたいと思うのか、自分なりにふりかえって考えてみよう。

4. できれば、他の人と利用時間の一覧を見せ合って、利用しているアプリの違いや時間配分の違いなどを議論してみよう。

　これらを確認すると、自分の明示的な意識や意図と異なるかたちで（いわば「無意識」のうちに）、アプリやサービスを利用していることがみえてくるかもしれない。それはなぜなのか考えながら6章以降を読みすすめると、より理解が深まるだろう。

CHAPTER 6

スマートフォン

　日本におけるスマートフォンの普及率は、2022 年に 9 割を超え 90.1% となっている[1]。スマートフォンはもっとも身近で、もっともよく利用されるデジタル・メディアだといえるだろう。しかしスマートフォンは「コンテンツ」ではなくまさに「メディア」であるがゆえに、わたしたちはスマートフォンという機器自体のことをよく知らなかったりする。

　たとえば、スマートフォンの画面サイズやメモリー容量、カメラの画素数などのハードウェア仕様は、購入時には確認するかもしれないが、利用している際には忘却され、場合によっては思い出そうとしても思い出せないかもしれない。あるいは、スマートフォンのスクリーンがどのようなデザインでどのようなインターフェイスになっているか、何が通知され、何が無視されるのかといったソフトウェアの「設定」についても、意識していない場合も多いだろう。わたしたちがアテンションをはらうのは、Instagram に表示される友人の投稿写真や、YouTube でレコメンドされてつい見てしまった動画などの「コンテンツ」であり、それを媒介しているスマートフォンのハードウェアやソフトウェアの存在は意識されにくいのだ。

■■ スマートフォンとはなにか ■■ ……………………

　そもそもスマートフォンとは、「スマートな電話」という意味である。この「スマート」は直訳すれば「賢い」という意味だが、そこには「多機能の」とか「なんでもできる」という含意がある。4 章でも紹介したアラン・ケイのことばを借りていいかえれば、「メタメディア化した電話」といってもよいだろう。もちろんスマートフォン以前の携帯電話にも、メールの送受信機能やカメラによる撮影機能が搭載されるなど、単一のメディアとしての「電話」とは異なる様態を模索してきた歴史があり、そのメタメディア性にはグラデーションがある。

　このようにスマートフォンの定義は必ずしも明確に定まっているわけではな

いが、元来はインターネット接続によってパソコンと同等もしくはそれに近い情報処理が実現できる携帯電話端末全般を指し、近年ではタッチパネルを採用したAppleのiPhoneやGoogleのAndoroid OSを採用した端末が主流になっている。その意味では、スマートフォンというメディアの必要条件はパーソナル・コンピューターとしてのメタメディア性と、プロトコルによって制御されるインターネット接続の機能をあわせもつメディア、ということになる。「電話」というのはもはやメタファーにすぎず、実際にはスマートフォンというメタメディアの可能的様態の1つが電話である、というべきかもしれない。今ではあたりまえのメディアになったスマートフォンだが、現在のiPhoneやAndroid端末のように、タッチパネルを前提としたフラットなスクリーンを備えるものになる以前から、携帯端末による移動体通信にはさまざまな様態のメディアがあった。

■ ■ 携帯電話の歴史 ■ ⋯⋯⋯⋯⋯⋯⋯⋯⋯⋯⋯⋯⋯⋯⋯⋯

　日本で移動中に利用できる電話として一般に利用されるようになったのは1979年に登場した自動車電話が最初といわれる。その後1985年にはショルダーフォンといわれる携帯電話が提供されるが端末重量は3kgととても重く、通話可能範囲も狭く限定されたものだった。当時の日本には公衆電話とよばれる、街中に設置された電話がいたる所にあり、移動中の発話はこの公衆電話がカバーしていた。しかし、公衆電話では電話をかけることはできても受けることはできなかった。このような技術的な制約に親和的だったサービスが、ポケットベル（ポケベル）とよばれる携帯端末であった。

　ポケットベルは、1968年にサービスが開始されており、実はその歴史は自動車電話よりも10年以上古い。ポケットベルは、その名のとおり呼び出し音（ベル）がなる小型の携帯機器で、移動中の相手に用事がある際には、ポケットベルの電話番号に発信すると呼び出し音がなり、受けた人は公衆電話などを使って通話をするという様式だった。現代から考えればひどく回りくどいやり

CHAPTER 6　スマートフォン　｜　69

かたに見えるかもしれないが、重くて高い携帯電話を持ち歩くよりも、ポケットベルとどこにでもあった公衆電話を組み合わせるほうが効率的だと考えられていた[2]。

　ポケットベルは、1990年代になると短い文字を送ることができるようになり、携帯電話に比べても安価で小型だったことと相まって当時10代から20代の若者に広く利用された。この文字によるコミュニケーションの文化は、相手の時間を同期させることのわずらわしさがないことが若者にとって快適だったという[3]。一方の携帯電話は1993年に「第2世代（2G）」とよばれるデジタル通信方式が開始されるとともに、1994年に規制緩和などによってこれまで高額の保証金などを払ってレンタルすることが必須だった端末を購入して個人所有することが可能となり、その購入や利用に必要な料金なども低下してきた。また、1995年にはより小規模な電波網を活用した「PHS」という安価な音声通信携帯端末のサービスが開始され、競争が促進された。このような状況において、ポケットベルの需要を取りこもうと携帯電話・PHSともに1996年に文字メッセージサービスが開始され、ポケットベルからの移行も含めた携帯電話・PHSの普及が一気に進んだ[4]。このように、携帯電話・PHSはその普及期においてすでに音声通話のための「電話」の機能だけでなく文字メッセージのやりとりができることが重要な要素として認識されていたのだ。

　携帯電話が限定的ながらインターネットに接続できるようになったのは、1999年にNTTドコモが開始した「iモード」というサービスからである。これは、携帯電話に大型の液晶ディスプレイを搭載し、インターネットに接続できるようにしたものだったが、パソコン用のWebページを表示することは事実上できず、iモード用に用意されたコンテンツに接続することが前提であった。逆にそのことは、独自の「ケータイ文化」を生み出した。ゲームや音楽、ケータイ小説など、iモードなどのケータイネットワークの生態系のなかで完結するコンテンツが多く出現し、人気となった。また、2000年にはJ-PHONE（現ソフトバンク）が発売したカメラつき携帯電話で、写真つきメールを送受信できる「写メール」というサービスを開始し、携帯電話は音声や文字に加えて

70 ｜ PART 2 物質としてのデジタル・メディア

写真も扱うメタメディアの水準へと近づいていった。

　これらの多機能化はそれぞれの通信事業者が個別の規格をもっており、通信事業者が異なると相互にやりとりできないサービスも多くあった（当時の携帯端末は各通信事業者ごとに異なる機能を実現するため、それぞれの事業者ごとに専用の端末が開発され発売されていた）。これがのちに「ガラパゴス・ケータイ（ガラケー）」とよばれる日本における通信事業者主体のメディア生態系となるわけだが、それは逆に、当時の日本のケータイ文化が先進的でユニークであるということでもあった。マーク・スタインバーグは、このような日本のケータイの生態系を「プラットフォーム」の先駆けとしてとらえ、そこでは独自の経済的な囲い込みが強固に成立していたことを指摘している[5]。その意味ではプラットフォーム企業によるコミュニケーションの「支配」はスマートフォン以前からあった現象であり、現代だけの新しい現象ではない。そればかりか、圧倒的な「独占的な支配」があるようにみえても、それが数年のうちに崩れ去ることもあることを示す生きた事例ともいえるのだ。

■■ スマートフォンの出現 ■ ·······························

　2000年代には「ケータイ」でインターネットができるという独自の文化が普及する一方で、パソコンによるインターネットの普及も進んでおり、次第にパソコンでできることをケータイでもできるようにしたいという社会的要望が高まるようになった。通信速度の制約もあり、当時のケータイのブラウザーでは基本的にiモードなどの通信事業者ごとのプラットフォーム専用に設計された容量の小さいWebページしか見ることができず、「i-menu」などのそれぞれのポータルサイトに登録された「公式サイト」のみの利用が一般的で、横断的な検索エンジンなども十分に整備されていなかった。

　そんななか、パソコン向けのWWWが閲覧できるケータイがさまざまなかたちで開発された。iモードでも、2005年から「フルブラウザー」とよばれる、パソコン用のWebページをブラウジングできる機能を搭載したケータイ端末

が発売されるようになった。また、この当時からパソコン用のインターネットに対応した端末を「スマートフォン」とよびはじめるようになり、カナダのBlackBerryのようなフルキーボードを備えた端末（図6.1）や、シャープが開発したW-ZERO3のような横向きの大型液晶を備えた端末など、新たなメディアの様式が試行されていた。パソコン用のWebページを活用する際の最大の問題は、画面の大きさの違いにどう対応するのか、ということだった。当時は物理ボタンによる拡大・縮小や画面内移動が一般的であり、狭い画面で広い領域を行き来するのは簡単ではなかった。

　そこに出現したのが、タッチパネル方式のインターフェイスであった。ケータイ端末はこれまでも出力装置としてのカラー液晶ディスプレイを備えその大きさは年々大きくなってはいたが、入力装置はあくまで物理ボタンであった。携帯端末のもつ「スクリーン」の二重性は、その全面がスクリーン化したタッチパネルからはじまるといっていいだろう。すなわち、投影をする出力装置としてのスクリーンではなく、操作可能な入力装置としても対象化しうるスクリーンである。その象徴が、ピンチ操作によるスクリーンのスムーズな拡大・縮小だろう。これは単にボタン式の入力装置を代替するものというよりも、出力装置であったディスプレイを、操作可能な「モノ＝オブジェクト」へと還元したものだ。これ自体が、まさにメタメディアとしてのスクリーンであり、スマートフォンのメタメディア化を象徴する要素といえるだろう。

　AppleによるiPhoneが日本で正式に発売されたのは2008年、iPhone 3Gがソフトバンクから発表されたときである。その発表会で使われたキャッチフレーズは「パソコンが手のひらにきた」であった。このフレーズは、iPhoneがケータイの進化形としてではなく、パソコンというメタメディアを携帯可能な大きさに縮小したモノであったことを象徴している。そして

図6.1　BlackBerry端末
　　　（出典：Wikimedia Commons[6]）

そのタッチパネルという出力装置と入力装置の融合したオブジェクト操作のインターフェイスによって、小型軽量化したシンプルなメタメディアは、ある意味ケイの「ダイナブック」がめざした様式そのものだった。この後に出現したタッチパネル式のタブレット端末である iPad も含めて、ダイナブックの構想の実現は、Apple のスティーブ・ジョブズを動かしていた原点ともいわれている[7]。

2008 年の iPhone 3G 発売に続いて 2009 年には日本初の Android 搭載端末 HT-03A も発売され、現在のタッチパネル式スマートフォンの中心となっている 2 種類がでそろうことになる。

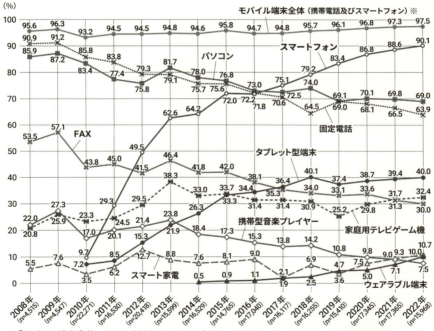

※「モバイル端末全体」には、2009（平成 21）年から 2012（平成 24）年までは携帯情報端末（PDA）、2010（平成 22）年以降はスマートフォン、2020（令和 2）年までは PHS を含む。
※無回答を含む。

図 6.2　情報機器保有状況の推移（出典：総務省「令和 4 年通信利用調査」[8]）

一方で、日本において独自の「プラットフォーム」を構築していた従来型の
ケータイから、タッチパネル式のスマートフォンへの移行は一気に進んだわけ
ではない。図 6.2 は、総務省による情報機器の普及率の推移である。携帯電
話・PHS を含む「モバイル端末全体」は 2008 年の時点からすでに 95% をこえ
て直近まで推移しているが、iPhone 3G が発売された 2008 年時点では「スマー
トフォン」の内数は集計されておらず、2 年後の 2010 年にはじめて集計され、
9.7% となっている。逆にいえばスマートフォンは iPhone 3G の発売から 2 年
経ってもその普及率は 10% に満たないもので、まだまだ既存のケータイが圧
倒的に多数を占めている状況であった。それが「逆転」したとみなせるのはさ
らにその 2 年後の 2012 年から 2013 年にかけてである。

　これには携帯電話の通信網が、2012 年から「4G」とよばれる第 4 世代の通
信規格となり、通信速度が大幅に向上したことでスマートフォンのメリットを
活かしやすくなったことも関係している。また、2011 年にサービスを開始し
たメッセンジャーサービスの LINE は、従来型のケータイでは利用することが
できない新しいサービスとして開始された一方で、ケータイの文字コミュニ
ケーション文化がもっていた絵文字や件名なしでの短文のやりとりなどの特徴
によって、スマートフォンの「パソコン文化」にケータイ的な要素をとり入れ
るものとして人気となった。メタメディアであるスマートフォンに、「ケータ
イ」という既存のメディアの要素がシミュレーションされることで、代替がす
すむ契機のひとつとなったのだ。

■■「スマホ最適化」のメディア様式 ■ ⋯⋯⋯⋯⋯⋯

　このように、当初は手のひらで動かせるパソコンとして表象されたスマート
フォンは、その端末の物質的な大きさやタッチパネルというインターフェイス
の特徴を活かしつつ、さらには従来型のケータイがもっていたコミュニケー
ション文化を複合的に取り入れることで、独自のメディアの様式を構築するよ
うになっていく。元来は、ピンチ操作によって自由に画面を拡大・縮小できる

ことで、狭いスクリーンでも広い画面を自在にみられることに価値があったスマートフォンだが、「パソコン向け」の広い画面をみることよりも、次第にその狭いスクリーンにサイズを「最適化」させたUI（ユーザー・インターフェイス）デザインが求められるようになった。図6.3は、「Web担当者Forum」というWeb管理者やデザイナー向けの情報サイトに2012年に掲載された記事の一部だが、「PC版」は「とても快適とはいえない」と評され、「スマホ版」デザインの採用が推奨されていたことがわかる。

　これも、従来型のケータイの狭い画面とボタン操作のUIデザインに慣れたユーザーが、違和感なくスマートフォンのWebサイトの操作をできるようにするという意味では、ケータイ文化の一部がスマートフォンと融合した例と考えることもできる。もともとはパソコン画面向けにデザインされていたWebページを、スマートフォンからアクセスした場合だけ異なるデザインに変更す

スマホでYahoo! JAPANのスマホ版（左）とPC版（右）を表示させた様子。PC版は表示できるものの、まともに読むには拡大が必要でとても快適とはいえない。

図6.3　「スマホ最適化」された画面とPC画面を比較するデザイナー向け記事
（出典：Web担当者Forum 2012年6月19日[9]）

CHAPTER 6　スマートフォン | 75

ることは「スマホ最適化」とよばれ、WebページのUIデザインのあり方を大きく変えることになった。

　Appleは、これらのUIデザインの最適化を含めたスマートフォンの生態系を管理するプラットフォームとして、次第にその存在感を高めていく。たとえば、タッチパネルに最適化したアイコンや画面レイアウト、ボタンの大きさや色の使い方などを定めた「iPhone Human Interface Guideline」というガイドラインを公開し、アプリやWebサイトの送り手に対しても、Appleの世界観に合わせたデザインを行うようにうながした[10]。いわば雑多で自由だったパソコン向けのWebサイトのデザインを、Appleという一企業が統制しある種の「秩序化」をめざすような権力としてふるまうようになったのだ。

　Appleが、スマートフォンのデザインをどのように統制しようとしたのか、iOSのアイコンデザインの変遷をみてみると興味深い。図6.4は、iOSの画面デザインの歴史を解説したWeb記事の抜粋である。下段の一番左側が2007年当初のiOS1、右に行くにしたがってiOSのバージョンが上がり、右側のアイコンが並んだホーム画面は2013年に登場したiOS7の画面だ。それぞれの画面の要素が異なるため比較は難しいが、記事によればiOS7のタイミングで

図6.4　iOSの画面デザインの変化（出典：The Verge 2013年9月16日[11]）

デザインの方向性が大きく変わっている[12]。iPhone の初期バージョンから iOS6 までのデザイン原則は「スキューモフィズム」とよばれ、現実の三次元の物体（オブジェクト）を想像しやすいように、陰影や形状を明確に表現することが重視された。これは、スマートフォンがメタメディアとして出現したことを象徴している。すなわち、メタメディアがどのようなメディアをシミュレーションしているのか、不慣れなユーザーでも想像がしやすいようにより具体的なオブジェクトの姿を描こうとしたのである。実際、iOS1 のアイコンでは YouTube がブラウン管のテレビのアイコンを表し、カレンダーなども立体感のある紙のカレンダーを模したデザインになっている。

　それに対して、スマートフォンが一定の普及を果たした 2013 年以降のデザイン原則は「フラットデザイン」とよばれ、必ずしも現実の陰影や奥行きをシミュレーションせず、シンプルな図式で（オブジェクトそのものよりも）機能を表現しようとするものだ。このような変化は、スマートフォンがメタメディアとして社会のなかでどのように認知されているかの変化を意味する一方で、Apple がまさにプラットフォームとして、メディアとしての iPhone の UI デザインを統制しようとしていたことを示している。実際、Apple は iPhone 上で提供されるアプリを App Store というプラットフォームで配信していたが、App Store に掲載するには「審査」があり、その基準にはこのような UI デザインのガイドラインも含まれていた。このようなスマートフォンの「プラットフォーム化」ともいうべき変化は、Google による Android OS でも同様であり、この点で Apple と Google は競合関係となった。Google は、2014 年に「フラットデザイン」とは異なるデザイン原則として「マテリアルデザイン」という考え方を提示し、すべてを「フラット」にするのではなく、スクリーン上で「紙とインク」のような印刷物をシミュレーションすることで三次元的な重なりや奥行きを明確化する UI 表現を指向した[13]。このように、iOS 向けのアプリと Android 向けのアプリでは、それぞれのデザイン原則にしたがった UI が求められ、アプリ制作者の「自由」はかなり制限されているのが現状である。

　「スマホ最適化」に象徴される、Apple や Google によるプラットフォームの

CHAPTER 6　スマートフォン　｜　77

統制は、まさにメタメディアとしてのスマートフォンのメディア様式を構築する歴史的な過程の一部である。しかし、ユーザーであるわたしたちは多くの場合このようなメディアの水準での様式に注意を向けることは少なく、場合によってはアイコンのデザインや配置、アプリの UI の統一性などに気づかないままでいることも多いだろう。これはまさにスマートフォンがメディアとして、「コンテンツ」を媒介する「コンテナー」であり、その存在がつねに不可視化されるインフラとなりつつあることを示している。本書ではくり返しのべていることではあるが、あたりまえの存在であるからこそ、このようなメディアの成り立ちに目を向けることが重要なのだ。

---

1 総務省（2023）「令和 4 年通信利用動向調査」（2024-02-19 取得, https://www.soumu.go.jp/johotsusintokei/statistics/statistics05.html）

2 松田美佐（2012）「『ケータイ』の誕生」岡田朋之・松田美佐編『ケータイ社会論』有斐閣

3 松田美佐（2012）前掲書

4 木暮祐一・飯田豊（2017）「手のひらの情報革命：携帯電話からケータイへ」飯田豊編著『改訂版 メディア技術史：デジタル社会の系譜と行方』北樹出版

5 Steinberg, M. (2019) *The Platform Economy: How Japan Transformed the Consumer Internet*, University of Minnesota Press.

6 Wikimedia Commons（2011）https://commons.wikimedia.org/wiki/File:Blackberry-Bold-9650-Verizon.jpg（2024-03-22 取得）

7 Isaacson, W. (2011=2011) *Steve Jobs: The Exclusive Biography*, Abacus.（井口耕二訳『スティーブ・ジョブズ』講談社）

8 総務省（2023）前掲調査

9 Web 担当者 Forum（2012）「スマホ対応は"サイト最適化"＆"集客の最適化"の両側面で：そのポイントとは？」2012 年 6 月 29 日 https://webtan.impress.co.jp/yahooads/2012/06/29/13065（2024-03-22 取得）

10 Apple（2024）「ヒューマンインターフェイスガイドライン」（2024-02-20 取得, https://developer.apple.com/jp/design/human-interface-guidelines/）

11 The Verge（2013）IOS: A Visual History.（2024-03-23 取得, https://www.theverge.com/2011/12/13/2612736/ios-history-iphone-ipad）

12 The Verge（2013）前掲記事

13 Google（2024）Material Design.（2024-02-20 取得, https://m3.material.io/）

PART 3

社会システムとしての
デジタル・メディア

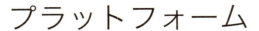

CHAPTER 7 プラットフォーム

　前章ではみなさんが日常的に利用しているスマートフォンについて、その歴史やインターフェイスに焦点をあてて考えてきた。そのスマートフォンをインターフェイスとして接触・利用するメディア、たとえばXやInstagramなどのSNSやGoogleなどの検索エンジン、YouTubeのような動画共有サービスは近年「デジタル・プラットフォーム（以下プラットフォーム）」とよばれ、わたしたちのメディア接触時間の大部分を占めるようになっている。また、前章でもふれたとおり、そのようなサービスを「アプリ」として分配するAppleのApp StoreやGoogleのGoogle Playなども「プラットフォーム」である。

　では、「プラットフォーム」とはなんだろうか。近年ではその代表的な企業の頭文字をとって、GAFAM（Google, Apple, Facebook, Amazon, Microsoft）などとよぶこともあるが、これらの企業はインターネットやスマートフォン上でコミュニケーションを媒介しているという意味では、元来の「メディア」の定義にもあてはまる。その意味でプラットフォームは、メディアの部分集合である。では、プラットフォームがプラットフォーム以外のメディアと異なる固有性はどこにあるのだろうか。近年では、4章で紹介したソフトウェア・スタディーズの系譜とも重なりあうかたちで、「プラットフォーム・スタディーズ」とよばれる学問領域も確立しつつあり、さまざまな議論がなされている。

■■「プラットフォーム資本主義」の浸透 ■ ……………

　「プラットフォーム（platform）」とはその元来の意味でいえば「土台」や「基盤」という意味である。わたしたちの日常生活においては、たとえば鉄道の駅の乗降場所のことを「プラットフォーム」とよぶ（この場合は「ホーム」という表記が用いられることが多いが、原語はplatformである）。駅のプラットフォームは、地平よりも一段高い「平台」になっており、そこで人々が乗降のために行き来する「場」になっている。検索エンジンやSNSといった、インターネッ

80

トの上のメディアが「プラットフォーム」と称されることは、それらのサービスが人々の自由なコミュニケーションを可能にする平らな「場」であることを印象づける。

タールトン・ギレスピーは、プラットフォーム・スタディーズの立場から、このような「土台」としての「プラットフォーム」という語法を批判する。ギレスピーは、YouTubeを例に挙げYouTubeが「プラットフォーム」を自称することで、みずからを中立的でオープンな存在として位置づけ、そこに投稿されるコンテンツへの責任を放棄する免罪符として機能させていると指摘する[1]。その意味で「プラットフォーム」という語法は、水平性を想起させる「土台」のメタファーを用いることで、権力の暗黙化を可能にする装置だ、ともいえる。

ではこの語法によって暗黙化しているのはなんなのか。プラットフォームを運営している企業は、公共的なコミュニケーションの場を提供することで社会に貢献することを第一義的な目的としているわけではない。プラットフォームのほとんどが民間企業によって運営されている以上、その目的は継続的に経済的な収益を上げることである。ニック・スルネックは、このようなプラットフォームの経済的な側面に焦点をあて、21世紀の資本主義の状況を「プラットフォーム資本主義」と表現している[2]。プラットフォーム資本主義とは、ユーザーの「データ」を原材料として抽出して、それを加工・流通させることが中心化した資本主義のことを指す。プラットフォーム企業は、その原材料であるデータの収集・取得プロセスを自動化し、大量のデータを蓄積し、アルゴリズムによってそれらを販売可能にして利潤をえる。その代表的な製品が、「行動ターゲティング広告」とよばれる広告商品である。

行動ターゲティング広告とは、ユーザーがプラットフォームを利用した行動履歴（クリックや閲覧、購買などの履歴）をもとに、そのユーザーの属性や趣味・嗜好を推測し、購買確率の高い商品に関する広告を優先的に表示するしかけのことである。みなさんも、さまざまなプラットフォーム上で、自分が過去に検索したキーワードに関連するサービスや、ECサイトで比較検討していた商品

の広告が表示された経験があるのではないだろうか。多くの場合、行動履歴を収集するタイミングと、広告の表示されるタイミングは同時とは限らず、また行動履歴を残したプラットフォームと、広告が表示される Web ページが異なることもあり、自分のどの行動がどの広告の表示につながったのか認識することはむずかしい。それでも、自分の関心に近かったり購入を検討している商品だったりすれば、その広告をきっかけにクリックをし、購入にいたることも少なくないだろう。このような行動を一定以上のユーザーがとることによって、プラットフォームは収益を得ているのだ（12章も参照）。

　スルネックは、このようなプラットフォームのビジネスモデルが成立するための特徴として、複数のユーザー間の利害を調整するシステムであると同時に、「ネットワーク効果」に依拠してユーザー数として十分な「量」を確保していることを挙げている。「ネットワーク効果」とは、そのプラットフォームを利用するユーザー数が多ければ多いほど、ユーザー全体の効用が増大することを指す。たとえば X などの SNS は、利用するユーザー数が少なく、参加してもフォローする相手が見つからなかったり、交流したい相手がユーザー登録していなかったりすると、コミュニケーションが十分に活性化しない。それが、ある一定以上のユーザー数が参加するようになれば、そのような障壁がなくなりコミュニケーションの総量は大きく増えることになる。逆にいえば、プラットフォーム企業は、収益を継続的に上げていくために、参加するユーザー数とコミュニケーションの総量を増加させるインセンティブに導かれているのだ。

■■■「量」の分配を行うプラットフォーム ■ ……………

　このように、プラットフォームは、コミュニケーションを媒介するシステムであるという意味でメディアの一様態であるわけだが、その特徴のひとつは媒介する情報の「量」にある。近藤和都は、映像文化の分配システムとしての Netflix は「プラットフォーム」とよばれうるのに対し、映画館をそうよぶこ

82　PART 3　社会システムとしてのデジタル・メディア

とは少ない、と指摘する。近藤によればその違いは「量」の最大化である。映画館の場合、スクリーンという物質的制約によって「同時に提示できる選択肢は限られる」。一方でNetflixには無数の映像コンテンツがリストされ、選択肢もそれにアクセスするユーザーの数も膨大である。すなわちNetflixのようなプラットフォームは、映画館のような従来の分配システムをはるかに凌駕する量によって特徴づけられるのだ。そしてまさにその量が膨大であるがゆえに、ユーザーがどのようにそれを選択しうるかが問題となる[3]。

　このようなプラットフォームが現代のメディア環境において適応的な様態として一般化している背景には、インターネットの普及に伴う、流通する情報量の爆発的な増大が挙げられる。検索エンジンGoogleで特定のキーワードを検索すれば、検索結果はアルゴリズムによってランキング化され、上位の10件にフィルタリングされるが、その際に対象となっているWebページの量が10件程度であることはきわめてまれであり、多くの場合は数十万件以上の（キーワードによっては数億件以上の）ページ数から絞りこまれている。また、XのようなSNSでは、フォローしているアカウントが一定数を超えると、タイムラインは数分ごとに新しい投稿が並ぶことになり、それらの投稿のうち、なにを優先的に表示するのかはXのアルゴリズムによってフィルタリングされている。

　このように、現在のメディア環境において流通している情報の総量は、人間ひとりひとりが認知できる限界を大きくこえており、その「格差」は拡大しつづけている。このような状況をキャス・サンスティーンは「情報オーバーロード」とよび、インターネットがまさに「ネットワーク効果」によって社会に浸透していく過程において不可避的に生じる課題として指摘した[4]。また、アレクサンダー・ハラヴェは、検索エンジンについて、「検索とは、探す技術であるのと同時に、無視する技術でもある」と指摘する。ほとんど無限ともいえる情報量のなかで、何を「無視」するのかが実は重要な論点なのだ。この要因は、人間の認知資源の限界、すなわち「ウェブで利用可能な情報の量は増大しているが、人間が情報を使いこなせる能力は増えない」という非対称性に起因する。ハラヴェは、これをハーバート・サイモンが予言した「アテンション・

CHAPTER 7　プラットフォーム　｜　83

エコノミー（注目経済）」[5] と結びつけ、ウェブのコンテンツが氾濫するにしたがって、検索者の「アテンション」が稀少価値をもつものとなり、検索エンジンはその「アテンション」を奪いあう「取引所」となると論じた[6]。稀少な資源としての「アテンション」は、「クリック数」や「アクセス数」として数量化され、それらの数値が検索エンジンという「マーケット」上で競合させられているというわけだ。

　このように、プラットフォームは「情報オーバーロード」が常態化している社会において、その複雑性を縮減し、アルゴリズムによって大量の情報を選別・分配してマッチングをする機能を果たすメディアである。そしてそこには大量のデータを短時間で処理する大規模なサーバー群やそれを支えるネットワーク機器やケーブルといったハードウェアと、そのサーバー上で情報を収集・蓄積し、検索・選別するソフトウェアが動作している。一方でわたしたちがプラットフォームのサービスを活用してSNSの投稿を楽しんだり、検索エンジンで検索をしたりする際には、そのようなメディア・インフラは不可視化され、サーバーが設置されたデータセンターの電力消費や、海底ケーブルの配置、サーバー上で稼働しているアルゴリズムの設計について意識することはほとんどない。それだけでなく、わたしたちがプラットフォーム上でどのような行動履歴を残し、その結果としてどのような広告が表示されているのか、プラットフォームがどのように収益を上げているのか、そのような政治経済的なメカニズムについても、意識されにくいのだ。それこそが、日常化しインフラ化したメディアであるプラットフォームをメディア論の対象としてとらえなおす意義である。

■■ プラットフォームの収益モデル ■ ……………………

　プラットフォームのビジネスモデルは、先述した広告モデルに限定されているわけではない。実際、「GAFAM」などとひとくくりにされがちなプラットフォーム企業それぞれの収益構造は大きく異なる（図7.1）。

84　PART 3　社会システムとしてのデジタル・メディア

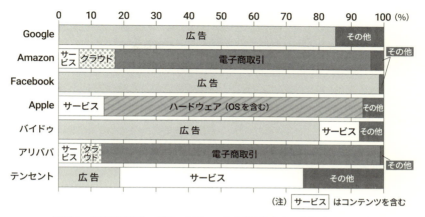

図 7.1　主要デジタル・プラットフォーム企業の売上高の内訳（2018 年）
（出典：総務省『令和元年版 情報通信白書』[7]）

　プラットフォームの代表的なビジネスモデルは、広告モデル、手数料モデル、利用料モデルの 3 つに整理できる。もちろん実際にはこれら以外のビジネスモデルもありえるし、これらを組み合わせた複合的なサービスも少なくない。広告モデルとは、ネットワーク効果によって多くのユーザーのアクセスを集めることができる「場」のメリットを活かし、広告主の潜在顧客に広告を表示することで、広告主企業から収益をえるモデルである。その代表的なしくみが先述した行動ターゲティング広告である。次に手数料モデルとは、プラットフォーム上でなんらかのマッチングによって電子商取引が成立した際に、その取引の当事者の一方または双方から手数料をとるモデルである。たとえばメルカリなどのフリマ（フリーマーケット）サービスでは、出品者や購入者は売買代金の一部を手数料として支払うことになる。最後に利用料モデルとは、プラットフォームが提供するコンテンツへのアクセスに対してユーザー自身がその対価を支払うモデルである。たとえば Netflix のような動画配信サイトでは、サブスクリプション方式とよばれる月額課金の利用料を支払うことで、動画コンテンツにアクセスすることができる。

図7.1 をみるとわかるとおり、Google と Facebook（現メタ）は広告収益が大きく、それぞれ「アドネットワーク」とよばれるしくみを活用した行動ターゲティング広告で大きな収益を上げている。アドネットワークとは、EC サイトなどのさまざまな Web サイト（Google や Facebook などのプラットフォームサービスの Web サイトとは別の広告主のサイト）に、行動履歴をトラッキング（追跡）するしくみを設置することで、たとえば特定の商品の情報を閲覧した履歴などを収集し、そのデータをもとに今度は別の Web サイトの広告枠に、その関連商品の広告を表示するものだ（12 章も参照）。その広告をクリックしたことで広告主からえられる広告料は、アドネットワークのプラットフォームに支払われるが、その一部は広告を掲載した Web サイトにも分配される。このように Google や Facebook などのプラットフォームはネットワーク効果により多数のユーザーが登録している強みを活かし、広告主と、広告掲載先の Web サイトをマッチングさせる役割を担っている。したがってユーザー自身が Google や Facebook を頻繁に利用していなくても、それらが運営するアドネットワークによって行動履歴に基づく広告が掲出されていることがあるのだ。ちなみに Google は Web サイトのアドネットワークの世界最大手であり、Facebook はスマートフォンアプリのアドネットワークの世界最大手である。

　一方の Apple はハードウェアの売り上げ比率が高い。これはいうまでもなく iPhone や iPad、Mac などの端末自体の販売による収益である。これはモノを直接販売しているため厳密にはプラットフォームビジネスではないが、ビジネスモデルとしては利用料モデルの一種と考えることができる。Apple の主要なプラットフォームビジネスである App Store ではアプリの販売の手数料を手数料モデルで収益を上げている。App Store のユーザー数は、iPhone などの端末製品の購入者数に連動していることから、端末購入のネットワーク効果が重要であり、その意味で Apple は企業全体としてプラットフォームとしての性格をもっているといえるだろう。Amazon は、電子商取引（EC）での収益の比率が高い。この EC には Amazon 自身が仕入れた商品に利益を乗せて販売する直販モデルと、「マーケットプレイス」という場を提供してさまざまな

86 ｜ PART 3　社会システムとしてのデジタル・メディア

販売者が商品を販売するモデルが混在している。いずれも取引の成立に応じてその一部が収益となるという意味では、手数料モデルによるビジネスだといえるだろう。

■ ■ プラットフォーム経済の現実 ■ ……………………

このように、プラットフォーム企業はさまざまなビジネスモデルによって継続的に収益を上げるしくみづくりをし、多数のユーザーのコミュニケーションや取引を媒介している。もちろんそれ自体は営利企業として当然であり、収益をえること自体に問題があるわけではない。資本主義社会において企業活動を行う以上、なんらかの収益を継続的に上げていなければ持続可能ではないからだ。気をつけなければいけないのは、わたしたちがユーザーとしてこれらのプラットフォームにアクセスする際に、その提供企業の経済的な意図を無視できないことである。

プラットフォーム企業の運営目標は、いうまでもなく収益の最大化である。それは必ずしも、接続するユーザーの便益の最大化と一致するとは限らない。まずプラットフォームは、その「量」の論理を実現するネットワーク効果を最大化するため、利用するユーザー数を増やすことが第一義的な目標となる。その上で、それぞれのユーザーによるコミュニケーションの総量を増加することが収益につながる。広告モデルの場合は、広告を表示する機会が増えれば増えるほど、そしてその広告をクリックし購買につながるユーザーが増えれば増えるほど、収益が増えることになる。手数料モデルの場合は、手数料が発生する取引成立の総数が増えれば増えるほど収益が増えるわけだが、コンバージョン・レート（取引成立の確率）が一定であれば、その前提となるアクセスの総数が増えることが収益につながることになる。そして利用料モデルの場合は、課金対象となるユーザーの総数が増えれば収益が増える。これも、無料のユーザーが有料に転換するコンバージョン・レートが一定であれば、やはりアクセスの総数が増えることが重要となる。

そしてそのユーザー数、アクセス数の総量は、いかにして人々のアテンション（注目）を惹きつけられるか、にかかっている。インターネットに接続する人々がそれぞれのプラットフォームに割けるアテンションの総量は増えないからだ。これこそがアテンション・エコノミーの構造である。そしてアテンション・エコノミーの根本問題は、人間が選択的にアテンションを向ける対象と、本来必要としている信頼性の高い情報は一致しないということだ。2章でもふれたとおり、人間の認知にはバイアスがあり、特にシステム1とよばれる「速い思考」においては信頼性の高い情報を吟味してアテンションを向けることはむずかしい。その結果「釣り」とよばれるような、直観的に目を惹くコンテンツのみに選択的に接触することになってしまうのだ。

　プラットフォームは、アクセスの「量」を最大化するために、アテンションを集める努力を惜しむことはない。プラットフォームのインターフェイスは、アテンションをえられるような「アーキテクチャ（8章）」を採用し、情報を選別・分配する「アルゴリズム（9章）」もアテンションの最大獲得に最適化されている。それはすなわち、アクセス数を増やせるのであればその情報の真偽や信頼性、客観性などの「質」は問われない、ということである。もちろん偽情報・誤情報ばかりでユーザーのアクセス数が中長期的に減ってしまえばそれを改善するインセンティブとなりえるが、ユーザーが明示的に気づかない、気づけない程度の虚飾や虚偽であればむしろアテンションを集める結果となることもあり、正確性や信憑性を最大化するインセンティブは働きにくい。

　もちろん近年このような問題に対してプラットフォーム側もさまざまな対応策を打ち出している。「コンテンツ・モデレーション」もそのひとつである。ユーザー自身が情報発信を行うことができるソーシャル・メディアのプラットフォームでは、「利用規約」などによってあらかじめ暴力的な発言や誹謗中傷、プライバシーの侵害や性的なコンテンツなどの投稿を規制している。これらの規制に合致するかどうかもまた、アルゴリズムによって選別が行われ、その上で（一定の範囲で）人手による審査が行われるのが一般的だ。しかし膨大な発信に対して十分なチェック体制を確立することは運営コストの増大にもつな

88　　PART 3　社会システムとしてのデジタル・メディア

がるため、X などでは近年経営体制の変更によってコンテンツ・モデレーションの部門が縮小されるなどの問題も生じている[8]。また、このような「違反」の判定は、表現の自由の観点や真偽判定のむずかしいコンテンツにおいてどこまで厳密に行うべきか、といった議論もまさに現在進行形の課題となっている。

わたしたちが毎日のように利用しているプラットフォームだからこそ、これらのメディアを不可視化させず、その政治的・経済的な背景やハードウェア・ソフトウェアの物質的なしくみに目を向けるメディア論の視点があらためて重要になってくるのである。

1　Gillespie, T. (2010) The politics of 'platforms', *New Media & Society*, 12(3), 347-364.

2　Srnicek, N. (2016=2022) *Platform Capitalism*, Polity Press. (大橋完太郎・居村匠訳『プラットフォーム資本主義』人文書院)

3　近藤和都 (2021)「プラットフォームと選択：レンタルビデオ店の歴史社会学」伊藤守編著『ポストメディア・セオリーズ：メディア研究の新展開』ミネルヴァ書房, 326-349

4　Sunstein, C. R. (2001=2003) *Republic.com*, Princeton University Press. (石川幸憲訳『インターネットは民主主義の敵か』毎日新聞社)

5　Simon, H. A., Deutsch, K. W., Shubik, M. & Daddario, E. Q., (1971) Designing Organizations for an Information-Rich World, In Greenberger, M. (Ed.) *Computers, Communications, and the Public Interest*, Johns Hopkins Press, 37-72.

6　Halavais, A. (2009=2009) *Search Engine Society*, Polity Press, 2009 (田畑暁生訳『ネット検索革命』青土社)

7　総務省 (2019)『令和元年版 情報通信白書』(2024-02-21 取得, https://www.soumu.go.jp/johotsusintokei/whitepaper/ja/r01/html/nd113120.html)

8　Forbes Japan (2024)「マスク買収後の X は「8 割」の安全部門の技術者を解雇、豪当局発表」(2024-02-21 取得, https://forbesjapan.com/articles/detail/68470)

CHAPTER

アーキテクチャ

　みなさんは、1日に何回スマートフォンを開くだろうか？　機種や設定にもよるが、スマートフォンの利用回数や時間などはiPhoneの場合「スクリーンタイム」、Androidの場合「Digital Wellbeing」という機能で確認することができる。おそらく、自分で意識している以上に何度もスマートフォンを取り上げていると感じるかもしれない。ではそのきっかけはなんだろう。もっとも考えられるのは、なんらかの「通知」が来たことが音や振動などでわかり、それを確認するために開くという行為にいたる場合である。そしてもうひとつは、明示的に通知が来ていないにもかかわらず、何か見逃したものがないかを確認したいために開く、という行為にいたる場合である。もしかしたら、これらの通知によるアクセスや、見逃し確認のためのアクセスのほうが、何か明確な目的（電話をかけたりLINEを送ったり写真を撮ったりといった能動的なアクション）をもったアクセスよりも多いかもしれない。

　そして、スマートフォンを開いた後、きっかけとなった通知や確認したいことをチェックしたら、すぐ閉じているだろうか。多くの場合、他のアプリのアイコンの通知を確認したり、新着情報が増えていないか確認したり、場合によってはやるつもりのなかったゲームの続きをはじめたり、最初のアクセスの目的とは異なる行為にうつっていないだろうか。これらの行為はみずからの意志によるものだろうか？　何か明確な強い意志というよりも、なんとなく気になってしまう、確認しないと気がすまない感じがしてしまうという性質のものではないだろうか。本章では、このように何度も使ってしまうメディアのインターフェイスやデザインについて、「アーキテクチャ」という概念から考えてみたい。

■■ アーキテクチャとは何か ■ ……………………

　このように何度もスマートフォンを開いてしまう毎日、これはまさしくス

マートフォンやアプリといったインターフェイスを介して、わたしたちのアテンションをいかにして獲得するかというアテンション・エコノミー（7章）のあらわれである。ローレンス・レッシグは、アテンション獲得に限らず、なんらかの物理的な負担によって人々の行動に一定の制約をかける人工物のデザイン（設計）のことを「アーキテクチャ」とよんだ[1]。この「アーキテクチャ」を構築するのは、インターネットに接続されたハードウェアやソフトウェアの「コード」であり、レッシグはその「コード」が実質的に人々を直接的に規制する「法」として機能している、と指摘する。「アーキテクチャ」とは元来は建築物の構造のことを指し示すことばだが、これを情報空間において人々の行動を「コントロール」するしかけ・しくみに援用したわけだ。

建築構造としてのアーキテクチャは、それが「環境」として人々の行動を特定の方向性に誘導する役割を果たす。たとえば、スピード違反を減らそうとするには「法」によって制限速度を設定するのが一般的だが、その場合スピード違反という行動を直接規制することにはならず、市民の内面化された規範意識に依存することになる。これをアーキテクチャによって解決する例としては、道路に「スピードバンプ」とよばれるようなバンプ（スピードを落とさないと通過できないような隆起部）を設定したり、直線部分をあえて左右に蛇行させたりして直接的にスピードを落とさせる「シケイン」（図8.1）といった設計がなされ、実際に効果を上げている。濱野智史はこのようなアーキテクチャの特徴を（1）任意の行為の可能性を「物理的に」封じてしまうため、ルールや価値観を被規制者の側に内面化させるプロセスを必要としない、（2）その規制（者）の存在を気づかせることなく、被規制者が「無意識」のうちに規制を働きかけることが可能、

図8.1　速度抑制のためのシケインの例（筆者撮影）

の2点にまとめている[2]。

インターネットのプラットフォームは、まさにこのような「コード」による規制がはりめぐらされたアーキテクチャを構築している。たとえば、検索エンジンの検索結果がランキング形式になっており、検索者が上位から順に確認していくインターフェイスになっていることはまさしく、上記のアーキテクチャとしての特徴を示しており、そこにはランキング・アルゴリズムという「コード」が稼働している。この「コード」の介在に目を向け、アーキテクチャという構造に焦点をあてることは、プラットフォームのあり方を理解する上できわめて重要な視座といえるだろう。スマートフォンのアイコンに表示される「バッジ」とよばれる色のついた印（多くの場合未読の件数などが表示される）なども、スクリーンの環境においてユーザーのアテンションを獲得しクリック行動を誘発する役割を果たすアーキテクチャとして作動しているし、SNSのタイムラインがコードによってユーザーのアテンションを惹きつけてスクロールさせつづけるようにふるまうこともアーキテクチャである。

東浩紀は、この「アーキテクチャ」の概念を、ジル・ドゥルーズの「管理＝制御社会」の思想と接続し、「環境管理型権力」と名づけている[3]。これは、コードによる規制を、視線の内面化を前提としたミシェル・フーコーの「規律＝訓練型権力」とは異なり、人々の内面をバイパスし、生活環境を直接に規制する権力としてとらえるものである。ただし、レッシグ自身が言明しているとおりここでの「コントロール」は「必ずしも政府によるコントロールじゃないし、必ずしも何か邪悪でファシスト的な目的を持つコントロールでもない」中立的な概念である[4]。この意味ではレッシグの「コントロール」は、ドゥルーズのいう「管理＝制御」という訳語が与えられた「control」とは異なる含意をもつと考えるべきだろう。濱野は、このアーキテクチャの概念を援用して日本における「Web2.0」のサービスを「生態系」というメタファーで分析したが、東のいう「環境管理型権力に抵抗する」という図式化を拒否し、「アーキテクチャ」を中立的で多様な可能性に開かれた「設計の構造」としてとらえることを提唱している[5]。

92 ｜ PART 3　社会システムとしてのデジタル・メディア

そのような意味では、アーキテクチャはユーザーのアテンションを奪うもの
である一方で、ユーザーの認知負荷を下げて「自然に」行動が導かれるために
必要なデザイン上の工夫でもあり、その肯定的な側面と否定的な側面の両面を
とらえていく必要がある。一般に、人間がアーキテクチャとの接点（インター
フェイス）に応じて「自然と」反応してしまうそのことを「アフォーダンス」
とよぶ。アフォーダンスはジェームズ・ギブソンが提示した概念だが、このア
フォーダンスの概念を人工物のデザイン理論に展開したのがドナルド・ノーマ
ンである。ノーマンは、たとえばドアの取っ手がどのような形状になっている
のかという手がかりによって、（前意識的に）ユーザーの行動がアフォードされ
ることを指摘し、アフォーダンスを考慮する「人間中心デザイン」の考え方を
提示した[6]。この考え方はのちに UX（User eXperience）デザインという方法論
に体系化され、現代のハードウェアやソフトウェアのインターフェイス設計・
開発において標準的な考え方になっている。

　２章でも述べたとおり、人間の認知過程は自動的・直観的にすばやく判断す
る「速い思考」を処理するシステム１と、意識的にじっくりと論理的な推論な
どを行う「遅い思考」を処理するシステム２の２つにわけられれる。認知的な
バイアスに関わる「ヒューリスティック」という心理的方略は、システム２の
ような緻密な正確さに欠ける一方で、考慮すべき情報量が膨大な環境において
はシステム１での速い判断を可能にする適応的な推論戦略として機能する。
UX デザインは、認知科学的な知見を取り入れつつユーザーの認知負荷を下げ
て速い思考によって「ラク」なユーザー体験を提供するように工夫することに
なる。

　たとえば、画面上で主要なアクションを実行するためのボタンは、その色が
赤色などの目立つ色で他の要素と直観的に（速い思考で）識別でき、もっともク
リックしやすい位置に配置することでユーザーの行動を自然にアフォードする
アーキテクチャとなるようにデザインされる。このような UX デザインは、プ
ラットフォーム企業などのデジタル・メディアの送り手によって、より多くの
ユーザーが容易にアクションを起こしやすいものになるよう調整される。先ほ

どのボタンの例でいえば、たとえば赤色と緑色でどちらがより多くクリックされやすいかなどを、複数のユーザー群に割り振って「ABテスト」とよばれるフィールド実験を行うことで、「最適化」を図ることになる。このとき注意すべきなのは、この「最適化」は（7章でもふれたとおり）ほとんどの場合「グロースハック」とよばれるプラットフォーム企業の収益への最適化であり、必ずしもユーザーの選択の自由を確保するものとは限らないことだ。

■■ アーキテクチャがもたらす問題 ■ ....

このようなアーキテクチャによるコントロールが行きすぎた場合、問題になるのは「ダーク・パターン」とよばれるデザインのパターンである[7]。釣り見出しなどはその初歩的なやり口だが、近年ではサブスクリプションの解約に際して複雑な経路を設定し、認知負荷を上げることであきらめさせてしまうパターンもあれば、広告クリックを増やすためにユーザーの本来やりたい行動を妨害するようなパターンも多くみられる。これらは、プラットフォームがまさにユーザーの利便性を第一義的な目的ではなく、広告収益や利用料収益を継続的に増加させることが目的だからこそ発生する問題である。もちろん中長期的にみれば過度にダーク・パターンに頼るプラットフォームは利用するユーザーが減少するため、短期的な利益とユーザーの離反抑止を両立させる均衡点を探るものであり、収益性の観点から一定のトレードオフが発生するものだ。しかし、だからこそ明確に「ダーク」というよりも、「グレー」な範囲で一見ユーザーフレンドリーにみえるインターフェイスが、実際にはプラットフォーム企業の利益誘導のアーキテクチャになっているという事例も少なくない。

プラットフォームが構築するアーキテクチャは、人間の認知負荷を下げると同時に、一定のバイアス（2章）としてコミュニケーションを方向づける役割も果たす。キャス・サンスティーンは、流通情報量が過剰となっている「情報オーバーロード」の状態を解消しようとするインターネット事業者（≒プラットフォーム）によって、情報が「カスタマイズ」され「フィルタリング」され

94 ｜ PART 3 社会システムとしてのデジタル・メディア

ることの弊害を指摘した。情報オーバーロードによって過剰な選択肢、過剰な話題、過剰な意見が提供されればされるほど、ユーザーは自分の意見や好みに近いものだけを選択しようとすることになる。それだけでなく、自分の意見に近いものだけを信じようとする確証バイアスなどの認知傾向が重なることで、ユーザーはプラットフォームが「フィルタリング」した結果だけに選択的に接触しつづけ、また自分の好みにあうものだけに反応をつづけることで、徐々に同じ方向の極端な意見にシフトし、「サイバー・カスケード」という分極化を引き起こす[8]。この分極化されたコミュニケーション空間は、似たもの同士が相互に響きあって小部屋に閉じこもる様子から「エコーチェンバー」ともよばれ、現代のプラットフォーム上で似た意見をもつ人たち同士が「分断」してしまうメカニズムとして問題となっている。

　また、イーライ・パリサーは、このようなプラットフォームによる「フィルタリング」は、個々のユーザーにとって快適な情報だけをアルゴリズムが選別して表示する「パーソナライゼーション」によって加速していることを指摘し、「フィルターバブル」という概念を提示した[9]。これは、ユーザーがシステム１のレベルで「快適」に感じるようなコンテンツをフィルターするアーキテクチャによって、あらかじめユーザーが接触する情報が自己準拠的に選別され、しかもそのこと自体がユーザー自身に意識されにくいことを示したものだ。実際、XやInstagramなどのSNSのタイムラインはもちろん、Googleの検索結果や、AmazonやYouTubeのレコメンド（おすすめ）に表示されるコンテンツは、ユーザーの行動履歴によってカスタマイズされ、大きく異なっているが、それがどのように異なっているのかユーザー自身が意識することはむずかしい。

　これらのメディアのバイアスと、人間のバイアスの相互作用によって自分自身の接触する情報が自分のもともともっている信念や好みに近いものだけに限定され、他の意見や情報に接触する機会が減ってしまうことにはつねに注意が必要である。一見すると「余計な」情報が入ってこないために「効率的」と感じられるかもしれないが、自分の意見や好みが近い「エコーチェンバー」のな

CHAPTER 8　アーキテクチャ　｜　95

かにいると、その意見がまるで社会全体の意見かのように錯覚してしまうことになりかねない。社会全体においてどのような議題があり、それに対する意見の分布がどのようになっているのか、という社会像を知ることは、民主主義を機能させる上で非常に重要な前提となる。「快適な」プラットフォームのフィルターバブルやエコーチェンバーに身を委ねるのではなく、そのようなメディアのアーキテクチャを意識し、つねに批判的な視点をもつことが重要だろう。

■ ■「ナッジ」とアーキテクチャの二面性 ■ ……………

　近年になって、サンスティーンはリチャード・セイラーとともに、アーキテクチャによるコントロールを積極的に活用して公共政策の推進に役立てようとする「ナッジ理論」を提唱している。「ナッジ（nudge）」とはもともとは「注意や合図のために人の横腹を特にひじでやさしく押したり、軽く突いたりすること」といった意味で、アーキテクチャによって人々の行動を一定の（望ましい）方向に誘導しつつも、それは強制ではなく、つねにそれ以外の選択の自由を確保すること、を意味する[10]。セイラーらが重視するのは、公共的な選択アーキテクチャにおける「デフォルト」の効用である。「デフォルト」とは、当初から選択されている選択肢のことを指す。たとえば、なんらかのアプリケーション・ソフトウェアをパソコンにインストールする際、ユーザーはさまざまな選択をする必要がある。インストールするドライブの場所や、オプション機能をどの程度利用するか、などである。しかし多くの場合、「デフォルト」としてあらかじめ多くのユーザーにとって望ましいであろう選択肢が選択されており、ユーザーはそれにしたがうことで認知負荷を下げて目的を達することができる。そこでのデフォルトは強制ではなく、したがわずに自分の好みに変更する機会が保障されている。

　セイラーらの主張のひとつは、このようなデフォルトによるナッジを活用すれば、公共的な福祉の観点から望ましい政策の実効性を高めることができる、ということだ。たとえば、脳死した際に臓器移植に同意するかどうかの意思表

示を、「ワンクリック」で確認するような選択アーキテクチャを考える。その際に、「臓器移植に同意する」がデフォルトで、「同意しない場合のみチェックする」という「オプト・アウト方式」と、「臓器移植に同意しない」がデフォルトで、「同意する場合のみチェックする」という「オプト・イン方式」では前者のほうが圧倒的に「同意」する人が多く、実際に「オプト・アウト方式」をとっている国のほうが臓器移植の提供率が高いことが示されているという[11]。セイラーらはこのような社会的な望ましさに対して「誘導」するような政策のあり方については議論がありうることを前提としつつ、ナッジをさまざまな公共政策に活用することを提案している。

　成原慧は、このようなナッジ理論に対し、アーキテクチャがもつ自由と強制の二面性を示すものとして批判的に整理している。レッシグが指摘したとおり、アーキテクチャは一定の範囲の選択肢を構成する反面で、それ以外の選択肢を排除するものだ。それはまさに「フィルターバブル」のようにプラットフォームが選択の自由を奪うような権力として機能する可能性を指し示す。一方で、ナッジによる特定の選択肢への誘導は、決して強制ではなく、それ以外の（排除されなかった）選択肢から、むしろ選択の自由を創出・支援するような側面もある。これらはいわばどの視座から「選択」の地平をとらえるのかという相対的な違いである。また、成原はアーキテクチャが誘導する選択肢が、個人の「操作」にあたるかどうかは、ユーザーにとって「望ましいもの」をどのようにとらえるかという、設計者の価値判断に依存すると指摘する[12]。そしてその判断には、ユーザーだけでなくプラットフォーム企業にとっての「望ましさ」が混在してくることはいうまでもない。このようなアーキテクチャの複雑な二面性を理解しつつ、メディアの設計構造に対して批判的な目を向けつづけることが重要だろう。

1　Lessig, L. (2006=2007) *CODE Version 2.0,* Basic Books.（山形浩生訳『CODE Version 2.0』翔泳社）

2 濱野智史（2015）『アーキテクチャの生態系：情報環境はいかに設計されてきたか』筑摩書房

3 東浩紀（2007）『情報環境論集：東浩紀コレクションS』講談社

4 Lessig, L.（2006=2007）前掲書

5 濱野智史（2015）前掲書

6 Norman, D. A.（2013=2015）*The Design of Everyday Things: Revised and Expanded Edition*, Basic Books.（岡本明・安村通晃・伊賀聡一郎・野島久雄訳『増補・改訂版 誰のためのデザイン？：認知科学者のデザイン原論』新曜社）

7 Brignull, H.（2011）Dark Patterns: Deception vs. Honesty in UI Design, *A List Apart*（2024-02-21取得, https://alistapart.com/article/dark-patterns-deception-vs-honesty-in-ui-design/）

8 Sunstein, C. R.（2001=2003）*Republic.com*, Princeton University Press.（石川幸憲訳『インターネットは民主主義の敵か』毎日新聞社）

9 Pariser, E.（2011=2012）, *The Filter Bubble: What the Internet Is Hiding from You*, Penguin Press, 2011（井口耕二訳『閉じこもるインターネット：グーグル・パーソナライズ・民主主義』早川書房）

10 Thaler, R. H. & Sunstein, C. R.（2008=2009）*Nudge: Improving Decisions About Health, Wealth, and Happiness*, Yale University Press.（遠藤真美訳『実践行動経済学：健康、富、幸福への聡明な選択』日経BP社）

11 Thaler, R & Sunstein, C. R.（2008=2009）前掲書

12 成原慧（2020）「それでもアーキテクチャは自由への脅威なのか？」那須耕介・橋本努編著『ナッジ!?: 自由でおせっかいなリバタリアン・パターナリズム』勁草書房）

Workshop! 3

アルゴリズムを考えてみよう

「アルゴリズム」とは、あるインプットに対して特定のアウトプットを出すための手順のことだ。たとえば、収集されたデータをなんらかの計算手順によって集計するやり方もアルゴリズムである。このワークでは、簡単な例をもとに、実際にアルゴリズムを考えてみるという思考実験に取り組んでみよう。

あるクラスで、「夏休みに行きたい旅行先 TOP5」を全員から集めたところ、以下のような結果になったとする。

表　夏休みに行きたい旅行先 TOP5 投票結果

旅行先	1 位	2 位	3 位	4 位	5 位
北海道	10	6	2	4	4
沖縄	8	8	7	2	1
韓国	5	5	3	5	0
大阪	3	2	2	3	2
京都	2	2	2	3	3
台湾	1	1	3	3	4
ハワイ	1	0	4	4	3
TDR	0	3	3	3	3
アメリカ	0	2	2	3	5
USJ	0	1	2	0	5

表内の各数字は順位ごとの得票数を示す。

※この表は架空のデータだが、実際にクラス内などでアンケートを実施することができれば、より実践的なワークになる。

この表をもとに、クラス全体の「夏休み人気旅行先ランキング TOP5」をどうやったら集計できるか、考えてみよう。

その際あくまで考えるのは集計ルール（アルゴリズム）である。クラス内の多数決や合議でランキングを決めるのではなく、今あるデータから、ランキングを機械的に出すにはどうしたらいいかを考えてみよう。

1 つ考えついたら、他のやり方はないか、異なるアルゴリズムの可能性について考え、なるべく多くの手順を挙げてみよう。できれば、他の人と一緒にどんなアルゴリズムがありえるか複数考えてみよう。

Workshop! 3 | 99

CHAPTER 9

アルゴリズム

　これまでも何度か出てきた「アルゴリズム」ということばだが、みなさんはどのようなイメージでとらえているだろうか。本書でこれまでふれてきたアルゴリズムとは、主にプラットフォームなどのコンピューターシステムにおけるソフトウェアの動作手順やルールのことだ。より具体的には、入力されたデータの条件に応じて、実行すべき処理を判定・実行し、その実行結果をなんらかのデータとして出力する一連のプロセスのロジックそのものを指す。プログラミング言語によって記述されたソースコードは、なんらかのアルゴリズムを具現化したテキストといえるが、アルゴリズムという概念自体が指し示すのは具体的なコードのテキストではなく、そのコードが実現する抽象的なロジックのことである。たとえば、「赤という色が入力されたら停止し、緑という色が入力されたら進行する」という交通ルールはアルゴリズムである。このアルゴリズムは、人間がそれにしたがうことで具現化することもできるし、Pythonなどの特定のプログラミング言語でこのロジックを具現化することもできる（もちろんJavaという別のプログラミング言語でも具現化できる）。本章ではそのような抽象的でつかみづらいアルゴリズムについて、情報科学の知見も参照しつつ検討してみよう。

■■ アルゴリズムの基本構造 ■ ……………………

　むずかしいイメージのある「アルゴリズム」という語だが、元来はコンピューター用語ではない。その語源は、9世紀ごろにバグダッドで活躍した数学者、アル・フワーリズミー（Al-Khwarizmi）の名前だといわれる。計算法に関する彼の著書がラテン語に翻訳された際に、アル・フワーリズミーという名前が「アルゴリズミ（Algorismi）」と表記され、それがフランス語や英語にも伝わり「計算法」を意味することばになったとされている[1]。

　このようにアルゴリズムという語は必ずしもコンピューター上で動作するプ

ログラムの処理手順に限定されず、なんらかの問題を解決するための計算手順や処理手順一般を広く指す。たとえば、複数の桁の割り算を、紙と鉛筆を使って筆算で計算する手順もアルゴリズムの一種だ。その手順にしたがって数字を操作していけば、基本的には誰でも答えにたどりつくことができるからだ。実はアルゴリズムというものは本来、「誰がやっても同じ答えにたどりつく」という意味で、社会生活において属人性に依存しないための知恵を広く指し示すものだ。そのように考えると、アルゴリズムは人間同士が力を合わせて共同作業したり、創作物を複製したり、価値判断を共有したりする際の手順や手続きであり、わたしたちの社会生活のあらゆる場面で（ときに気づかないうちに）活用されているといえるだろう。

　社会生活のなかでアルゴリズムが活用されている例として、料理のレシピを挙げることができる。料理のレシピは、素材を適切に収集し組みあわせ、加工し、条件に応じて適切な処理をすすめていく手順を明示したテキストになっている。たとえばカレーのレシピであれば、玉ねぎをみじん切りにしてフライパンで「あめ色になるまで」一定時間炒める、などの手順があり、次の手順にすすむには一定の条件をみたす必要がある。そして、その条件をみたした加工物（アウトプット）が、次の処理の素材（インプット）になる。このように料理のレシピは、素材のインプット→処理（加工調理）→条件分岐→処理（次の加工調理）→加工物のアウトプット（＝次の処理のインプット）という流れの組みあわせで構成されている。

　先ほど交通信号の例も挙げたが、交通信号のように条件に基づく処理判断の組みあわせという意味では、法律もアルゴリズムの一種である。法律の体系は、あいまいな解釈、すなわち属人的な解釈を排除しつつ、さまざまな事例をその構成要件によって条件分岐し、次の処理（適用すべき規制や量刑など）を定めることができる手順となっているからだ。

　アルゴリズムには、基本的な３つの構造がある。（1）順次処理、（2）条件分岐、（3）反復処理の３つである。ほとんどのアルゴリズムは、基本的にはこの３つの構造の組みあわせで表現される。（1）順次処理とは、ある処理の次に順

番に次の処理を行うことで、前の処理の出力（の組みあわせ）が次の処理の入力になることが多い。(2) 条件分岐とは、入力データの状態や値に応じて次の処理を振り分けることである。たとえば、「赤」というデータが入力されたら「停止」という処理を行い、「緑」というデータが入力されたら「進行」という処理を行うといった具合に、条件によって実行する処理を分岐させる。(3) 反復処理とは、特定の条件がみたされるまで同一の処理をくり返し実行することである。たとえば、玉ねぎの色が「あめ色」と判定できる色に変化するまでのあいだ、「炒める」という処理をくり返し、「あめ色」になるという条件がみたされたら「炒める」処理を終了する、といった具合である。

　それぞれの「処理（Process）」は入力（Input）されたデータを加工し、なんらかの出力（Output）を行う。この入力（Input）→処理（Process）→出力（Output）の関係をそれぞれの頭文字をとって「IPO」とよぶ。たとえば、掛け算のアルゴリズムは、2つの数値（掛ける数と掛けられる数）を入力し、1つの数値（積）を出力する処理である。このとき入力するデータのことを引数（パラメーター）とよぶ。つまり掛け算のアルゴリズムは「掛ける数」と「掛けられる数」という2つのパラメーターをもつ。そしてアルゴリズムは出力と入力の流れを工夫することで、単純なモジュールを組み合わせて複雑な処理を実現する。たとえば、3つ以上の数を掛け合わせる掛け算のアルゴリズムは、それぞれ3つの数のアルゴリズム、4つの数のアルゴリズムと個別に設計するのではなく、まず2つの数の掛け算を行い、その出力ともう1つの数の2つを新たな入力として掛け算のアルゴリズムを実行することで実現できる。出力が同じ処理の入力になる構造を再帰構造といい、これによって複雑な処理を少数のモジュールで実行できるように工夫されている。

■■ アルゴリズムとブラックボックス ■ ·················

　アルゴリズムのもっとも重要な特性は、同じ入力であれば同じ出力がえられる、という一貫性である。これは、AIとアルゴリズムの違いでもある。AIは

102 | PART 3 社会システムとしてのデジタル・メディア

入力が同じでも出力が同じになることは保証されていない（10章）。しかしアルゴリズムのある種の「信頼性」の源泉は、この厳密な一貫性にある。逆にいえば、この一貫性を保証することによって、アルゴリズムは「ブラックボックス」としてあつかうことが可能になる。情報科学における元来の意味の「ブラックボックス」とは、IPO において I と O の関係性が保証されているかぎり、P という「箱」の内容について検証する必要がない、という意味である。これは、数学の関数を思いうかべてみるとイメージしやすいかもしれない。$y=f(x)$ で表される関数は、一般にパラメーター x の値が同一であれば y の値は一意に定まる。たとえば、GB（ギガバイト）を MB（メガバイト）に変換するという単純なアルゴリズムを考えてみよう。この場合、$f(x)=1024x$ と表せる。x に 4 を入れれば y は 4096 となり、4GB=4096MB と計算できる。当然だが、何度計算しても結果は同じである。そして、この結果の一貫性が保証されている限り、わたしたちは $f(x)$ の結果を信頼することができ、その定義である $1024x$ という関数の中身を気にする必要はない。このとき、その関数をブラックボックスとしてあつかうことができることになる。実際わたしたちは、普段パソコンなどでファイルの容量をみるときに、OS が勝手に GB や MB の単位変換をしてくれるが、その処理の中身（$1024x$ という式）について意識することはない。ちなみに、1GB を 1000MB ではなく 1024MB と計算するのは、コンピューター内部の記憶装置がビット単位になっており、2 進数で管理するほうが都合がいいからである。1024 は 2^{10} であり、10 桁の 2 進数で区切ることができる数である。

　このようなアルゴリズムだが、コンピューターの動作を決めるロジックのほとんどはアルゴリズムの組みあわせによって設計されている。これまでに論じてきたプラットフォームによるデータの選別、分配や、アーキテクチャによるコントロールを可能にするロジックはほぼすべてアルゴリズムである。その意味では、アルゴリズムはわたしたちのメディア接触のあらゆる場面で作動している。検索エンジンに入力したクエリー（キーワード）を識別し、その要望にマッチする確率の高い Web ページをランキング形式で出力するのもアルゴリズムだし、ユーザー ID によって識別された行動履歴を入力として、そのユー

ザーが関心をもつ確率が高い商品の広告を出力するのもアルゴリズムである。

　これらのアルゴリズムは、掛け算や単位換算のように比較的理解しやすい入力と出力の関係性と比べて、その間の処理がどのようなものであるか、想像することがむずかしいかもしれない。実際、入力となるパラメーターの数が非常に膨大となり、その処理内容が複雑化しているのも現代のプラットフォームにおけるアルゴリズムの特徴といえる。

■■ アルゴリズムの「正確性」を考える ■ ……………

　実際のアルゴリズムの例としてここでは、Google のような検索エンジンのアルゴリズムがどのような動作をしているか、具体的に考えてみよう。検索エンジンは論理的に大きく 3 つの機能に分割できる（実際にはもっと複雑な処理がされているが、ここでは本書に必要な範囲で簡略化して説明する）。クローリング、インデクシング、ランキングの 3 つである。クローリングは、WWW 上にあるWeb ページを収集し、データベース化する処理であり、インデクシングは、収集した Web ページの文字列を分析してそのページにどんな情報が記載されているのかを識別できるように、インデックス（索引）に登録する処理である。そしてランキングは、入力されたクエリーに応じて、Web ページを選別、序列化し、ランキング順に検索結果を表示する処理である。ここでは、ランキングのアルゴリズムに注目してみよう。

　検索結果のランキングがどのようなアルゴリズムによって決まっているか、考えてみたことはあるだろうか。あるいは、検索エンジンのようなコンピューターシステムによって実現されるプラットフォームのアルゴリズムは、「客観的」あるいは「正確」といえるのか、疑問に思ったことはないだろうか。Google の現在のアルゴリズムは基本的に非公開とされているが、そのおおもとのアイディアである「PageRank」というアルゴリズムは、Google 創業者のラリー・ペイジ、セルゲイ・ブリンらによって論文として公開されている[2]。この PageRank は、Google が 2000 年代にそのランキングの「精度」の高さを

104 　PART 3　社会システムとしてのデジタル・メディア

確立し、他の検索エンジンを圧倒するきっかけとなった技術である。

PageRankの基本的な考え方は、それぞれのWebページが他のページからリンクされていれば、そのページが人気があるとみなし、高い得点を与える、というアルゴリズムである。そして、人気の高いページ（たくさんリンクを集めているページ）からリンクさ

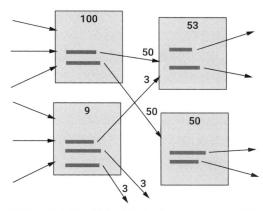

図9.1　ペイジらの論文に掲載されたPageRankの概要図
(出典：Page, L., Brin, S., Motwani, R., & Winograd, T. 1998[3])

れているページは、人気の低いページからのリンクよりも高い得点を与える。このことによって、リンクによる評価を再帰的に適用し、リンクの数が多ければ多いほど、かつ、リンク元の評価が高ければ高いほど、得点が高くなるようになっている（図9.1）。

たとえば、多くの人が利用する官公庁などの公式のWebサイトは、他の多くのWebサイトからリンクが集まっていることが想定される。それに対して、無名の個人が書いたブログ記事には、あまりリンクが集まっていないため、官公庁などのWebサイトよりも評価が低くなる。また、ある商品の紹介ページが、もし評価の高い官公庁のWebサイトからリンクされていれば、その商品ページは1つしかリンクをえていなくても高い評価になり、個人のブログ記事からのリンクしかなければ低い評価になる、という評判の連鎖によって、あらゆるWebページの「有用性」を評価するのだ。現在では、このPageRankはGoogleのランキング・アルゴリズムのごく一部でしかなく、これ以外にも200以上のパラメーターでWebページを評価し、ランキングを決めているという[4]。

このようなプラットフォームのアルゴリズムの特徴は、コンピューターが計

測可能なパラメーター（リンクの数やリンク元のページの得点など）を入力として、複合的な計算によって評価を出力する外形的な計算であり、内容の「正確性」に基づく意味論的な評価ではないということである。アルゴリズムは Web ページの「内容」を「読んで」いるわけではない。ということは、ランキングが上位であるということと、その Web ページの内容が「正確」かどうかは、直接的には関係がないということだ。アルゴリズムが計算論的に判定できるのは、その Web ページの意味論的な「内容」ではなく、その Web ページに対して他の誰かがどのように行為したかという観測可能な範囲におけるデータの痕跡にすぎない。たとえば、リンク数が多ければ「有用」な可能性が高いと判定し、リンク元の得点が高ければ「信頼」できる可能性が高いと判定するなど、間接的な手がかりを複数組みあわせることで一定の精度を確率論的に確保することが、アルゴリズムの原理である[5]。そしてこれらの変数は「人気」の推定には有効だが、「人気」があることはなんら内容の正確性を保証するものではない。

　もしアルゴリズムが「正確」であると感じられるとしたら、その「正確性」の意味が複数あるためだ。先述したとおり、アルゴリズムは、ある入力に対して一貫した出力を「正確に」行うという意味での確実性は保証されている。すなわち、掛け算のアルゴリズムは、どんな複雑な掛け算（たとえば 4769 × 805 のような頭のなかで計算するのがむずかしい掛け算）であっても、その答えが「正確（に手順にしたがったもの）」であることは保証されている。しかし、Web ページや SNS の投稿に記載されている「内容」が真実であるか虚偽であるかを直接判定することはできず、その内容の「正確性」に基づいた判断や評価はできない。検索エンジンで上位に表示されたからといってその内容が「正確（な事実にもとづくもの）」とはいえないし、SNS で偽情報・誤情報を検出するコンテンツ・モデレーション（7 章）がアルゴリズムだけで解決できていないのはこのためである。

■■ アルゴリズムとその「設計思想」■ ∙∙∙∙∙∙∙∙∙∙∙∙∙∙∙∙∙∙∙∙

このようなアルゴリズムだが、では機械による一貫した計算の結果であるならばそのロジックそのものは「客観的」といえるのだろうか。今度は、EC サイトやグルメサイトなどのプラットフォームで利用されている「レビュースコア」のアルゴリズムについて考えてみよう。レビュースコアとは、ある商品やサービスについて、（原則として）その商品を体験したユーザーが投票した評価をもとに集計した得点値のことである。多くの場合は 5 点満点での数値評価が用いられている。このレビュースコアを集計するアルゴリズムも、多くの場合は単純な算術平均ではなく、複数のパラメーターを組み合わせてより「適切な」スコアになるよう調整されている。

たとえば、レビュー評価者数が 1 名しかいない場合の 5 点と、レビュー評価者が 100 名おり、うち 99 名が 5 点、1 名が 1 点の場合は、単純平均値では前者が 5.00 点、後者が 4.96 点となり前者のスコアが高くなる。しかし、後者は99 名から 5 点の評価をえていることを考慮すると、単純平均でのスコアよりも、評価者数の重みづけによってスコアを調整したほうが「適切」かもしれない。そしてそのスコアが「適切」かどうかは、アルゴリズムの設計者の価値判断に依存してしまうことになる。実際、10 名以上の評価者が集まらないとスコアを出さないとか、評価者自体がどの程度信頼できるかを別のスコアではかりそれを加味するなど、プラットフォーム設計者の判断によってさまざまな調整がなされているのが実態である。このように、一見単純と思われるレビュースコアのアルゴリズムだけをとっても、複数のパラメーターをどのように組みあわせるかによって結果は変わってくる上に、その「適切さ」の基準は設計者の「設計思想」に委ねられているのだ。

そしてアルゴリズムの妥当性に影響をおよぼすもうひとつの要因は、いわゆる「ステルス・マーケティング（ステマ）」とよばれるスコアの人為的な操作への対応である。「ステマ」とは、アルゴリズムの隙間をぬって、ユーザーに気づかれないようスコアを操作し、自社や商品の評価を不当につりあげる手法の

ことを指す。たとえば、多数のアルバイトを雇って自社商品のレビュースコアを高く評価すれば、スコアの平均値は上昇し、有利な評価をえることができる。逆に、他社のレビュースコアを低く評価することで、競合を貶めることすら可能である。たとえ悪意がなかったとしても、多くの企業や送り手にとって、自分のコンテンツを高く評価させて多くの人に広げたいという欲望はきわめて一般的である。上述した Google などの検索エンジンでは、「SEO（検索エンジン最適化）」とよばれる、検索エンジンのランキング・アルゴリズムのパラメーターに合わせて Web ページのランキングを上げるテクニックが広く研究され、多くの Web 制作者や企業が実践する一般的な活動となっている。

　もしアルゴリズムが単純で、パラメーターと評価の関係が明らかになってしまうと、ステマや SEO のような「攻略」が容易になってしまう。そこでレビュースコアのアルゴリズムでは、たとえば評価者がきちんと登録されたユーザーなのか、どのような経路からアクセスしてきたのか、過去にどのようなレビューをしてきたのか、などの手がかりからその信頼性を判定するアルゴリズムを組みこみ、「ステマ」を抑止しようと努力している。評価の公平性や信頼性を上げる努力とは別に、意図的な操作を排除するための努力によって、アルゴリズムはより複雑なものになっているのだ。

　このように、アルゴリズムというソフトウェアを実現するロジックは、その決定論的な性質から「正確」で「客観的」なものだとみなされがちである。これもある意味では技術決定論的な誤謬であり、どのようなパラメーターをどのような価値観で組みあわせるのか、その結果としてどのようにプラットフォームというメディアを運用するのかは、設計者の「設計思想」、さらにいえばプラットフォームのネットワークをとりまく社会的な相互作用によって構築されるものである。逆にいえば、このようなアルゴリズムのあり方を、ブラックボックスとして不可視化するのではなく、その設計思想の水準で批判的に検討していくことは、まさに現代のメディア論の課題のひとつといえるだろう。

108　　PART 3　社会システムとしてのデジタル・メディア

1　Louridas, P. (2020=2022) *Algorithms*, The MIT Press.（湊真一監訳・鳥飼まこと訳『基礎からわかるアルゴリズム』ニュートンプレス）

2　Page, L., Brin, S., Motwani, R., & Winograd, T. (1998) The PageRank Citation Ranking: Bringing Order to the Web. *World Wide Web Internet And Web Information Systems*, 54(1999-66), 1-17.

3　Page, L., Brin, S., Motwani, R., & Winograd, T. (1998) 前掲論文

4　Dean, B., Google's 200 Ranking Factors: The Complete List（2024）, Backlinko, Mar. 24, 2024.（2024-07-19 取得, https://backlinko.com/google-ranking-factors）

5　Langville, A. N. & Meyer, C. D., (2006=2009) *Google's PageRank and Beyond: The Science of Search Engine Rankings*, Princeton University Press, 2006.（岩野和生・黒川利明・黒川洋訳『Google PageRank の数理：最強検索エンジンのランキング手法を求めて』共立出版）

CHAPTER 10

AI

　「AI」とは、Artificial Intelligence（人工知能）の意味で、近年ではデータを学習して人間の知識や判断を模倣する機械のことを指す。AIのイメージとしては、「ドラえもん」や「鉄腕アトム」のような、自意識や自我をもって人間と知的な対話や感情の共有ができる「人型ロボット」を思いうかべる人も多いかもしれない。このようなAI像のことを「強いAI」とよぶが、この「強いAI」はまだ想像上の存在で、現在の技術で実現の見込みが立っているわけではない。一方現在実現しているAIは、特定の目的に応じてインターフェイスが整備され、自意識や自我のようなものをもたない、高性能なコンピューターシステムのことであり、「弱いAI」とよばれる範疇の技術である[1]。近年話題となっている「生成AI」も、かなり汎用的な目的に利用できるようになってきており、もはや「弱い」というラベルは適切でないかもしれないが、人間のように自意識や自我をもってなにかを判断しているわけではない。では、AIとは「高度なアルゴリズム」のことなのか、というと必ずしもそうではなく、既存のコンピューターシステムにおけるアルゴリズムと、近年「AI」とよばれているものには明確な差異がある。本章ではこのようなAIのもつ独自性と課題について考えてみよう。

■■ アルゴリズムとAIのちがい ■ ……………………

　9章でも述べたとおり、アルゴリズムは、さまざまな入力に対して、あくまで事前に設定されたロジックで処理を実行し、一貫性のあるかたちで出力をするものであった。それに対してAIは、定型のパラメーターによる入力のみを想定するのではなく、不定型のパラメーターに対して一定の判断や出力を可能にする技術である。アルゴリズムにおいては、処理の一貫性が保証されるという特性上、入力となるパラメーターの数やフォーマットについては事前に定義される必要がある。交通信号の判断の例でいえば、入力されるパラメーターは

「赤」か「緑」(または「黄」) など有限の選択肢であり、そもそもその信号の光が「赤」色なのかどうかはすでに判別されていることが前提である。

　これを自動運転に応用しようとすると、まず障壁となるのが、そもそも目の前の信号機の発する光が、「赤」なのか「緑」なのかほかの色なのかをどのように識別するのか、という問題である。これはAIによるアプローチでもアルゴリズムによるアプローチでも解くことができる。アルゴリズムによるアプローチは、光の波長を測定する機器を導入し、その波長をパラメーターとする。入力された波長がある値の範囲に入っているものを「赤」、別の値の範囲に入っているものを「緑」と条件分岐すれば (論理的には) 識別することができる。このとき誤差の発生する確率も考慮して判定の最大値と最小値を定めるのは、アルゴリズムのデザイン上の課題、すなわち設計者が検討しあらかじめ決定しておくべき事項となる。

　一方これをアルゴリズムではなく、画像処理AIによって解こうとする場合は、あらかじめ大量の信号機の画像を読みこませ、「赤」と判別すべき画像と「緑」と判別すべき画像を「学習」させることになる。一番わかりやすいのは、人間が「赤」と判断した画像と「緑」と判断した画像をあらかじめ大量に用意し、それを学習させる方法だ。これを「教師あり学習」とよぶ。それに対して事前に正解を与えずに、大量の信号機の画像をAI自身がその特徴に応じて識別できるような学習の仕方は「教師なし学習」という。これが実用化される契機となった研究が、2012年に発表された「Googleのネコ」である。Googleの研究グループがYouTubeの動画から1,000万枚もの画像を大量に読みこませて、画像の特徴を学習させたところ、「ネコの顔」の分類を自己学習することができた、というものだ (図10.1)。

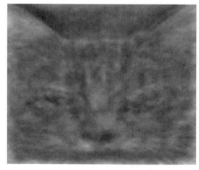

図10.1　GoogleのAIが識別した「ネコ」のイメージ (出典：Dean, J. & Ng, A. 2012[2])

CHAPTER 10　AI　111

これは、特徴が類似する画像を機械学習によってグループ分けすることで、人間による「これがネコだ」という識別がなくても、「ネコの顔」とみなせる画像の範囲を特定することができたというもので、「深層学習（ディープ・ラーニング）」という手法が用いられた[3]。「教師なし学習」では、人間がひとつひとつのデータを識別する作業をしなくても、機械が勝手に分類をすすめることができるため、より大量のデータを学習することが可能になる。実際には、その結果できた分類に対して、最後に人間が「これはネコだ」という教師データを与える必要はあるが、全データに教師データを与える方法に比べればはるかに小さな労力で大量のデータを学習することができるのだ。さらに近年では、「強化学習」といって少量の教師ありデータと大量の教師なし学習を組み合わせることで、効率よく人間に近い識別ができるようになっている。ここで有効性が実証された「深層学習」はその後のAI技術の主流となり、生成AIを含む現在のAIはほとんどがこの技術を応用したものになっている。

　このように、現在のAIの本質は「厳密には違うけど、だいたい同じようなものをひとつの分類として識別する」という人間の認知の特性を模倣することにある。すなわち、光の加減や角度によって微妙に色味が異なる信号機の「赤信号」を「同じ色」として識別したり、多様な形や色のバリエーションがある動物の顔の画像のうち、「ネコ」という種を「同類」として識別したりできるということである。いってみれば、「赤信号」や「ネコ」の最大公約数になるような画像の集合を特定する、というイメージでとらえるとわかりやすいかもしれない。アルゴリズムはパラメーターの組みあわせが同一であれば、出力される結果も同一となるという意味で、ルールに基づく決定論モデルといえるが、AIはそれを確率論モデルで出力する。すなわち、この入力の組みあわせに対してこの出力が求められている確率が高い、という判断を、大量のデータを学習することで可能にしているのだ。それは明文化可能なルールのようなものではなく、「ロジック」ともいいがたい、ある意味「経験（≒大量のデータ）」に基づく推論である。アルゴリズムのIPOの「P」を一貫性のあるブラックボックスとしてあつかう（9章）こととは異なる意味で、深層学習を用いたAI

のIPOの「P」は、設計者にとってもその判別過程の確認・検証が不可能なブラックボックスになっている。

このようなAIの特徴は、カメラで撮影した画像の入力に対してそれを「赤信号」と識別したり、スキャンした手書きの文書の文字を特定したり、マイクから集音された音声を入力としてそれを文字に変換したりするなど、対象となる入力が少数の定型パラメーターに分解できない場合に威力を発揮する。このようなAIの活用方法は「識別AI」とよばれ、画像や音声などの入力をもとに、そこに含まれているオブジェクトを特定したり、識別したりすることに使われている。もっとも身近な例のひとつが、スマートフォンなどでも使われる顔認識システムである。角度や光の加減で画像としては多様な入力になりえる顔の画像を、特徴を学習して誰の顔なのか識別することは、ルールベースのアルゴリズムでは実現がむずかしい。ロック解除のための顔の識別だけでなく、カメラ撮影時に人間の顔を識別してピントを自動的にあわせることができたり、顔のパーツを認識して特定のパーツだけ大きさを変えるような加工ができたり、人物と背景を判別して色味やバランスを修正したりできるのも、大量の画像を学習したAIによって、人間の輪郭や顔のパーツを識別することで実現されている。また、この画像認識のAIは自動運転車の開発などにも応用されている。先述した信号機の識別にとどまらず、前方のカメラの画像から車線や前車の位置を認識して、車線をはみださずに前の車と同じ速度で追従したり、前の車に近づきすぎたときに自動でブレーキをかけたりする安全機能もすでに実現されている。

■■「生成AI」とはなにか ■ ································

この「識別AI」に対して、近年急速に普及しつつあるのが対話型の「生成AI」とよばれるものだ。「生成AI」とは、「プロンプト」とよぶ人間の質問や要求に応じて、文章や画像などを新たに「生成」するAIのことを指す。これらのAIに質問したり指示したりする際には、特別な操作やプログラミング言

CHAPTER 10 AI | 113

語は必要なく、人間に話しかけるような文章で入力をすることができる。このように、人間同士がコミュニケーションをとる際に使う言語のことを「自然言語」とよび、機械がその自然言語を読みとったり聞きとったりする処理のことを「自然言語処理」とよぶが、ChatGPTのような対話型の生成AIでは、入力も出力も自然言語となっているため、簡単に使うことができるのが特徴だ（自然言語処理そのものは、入力となる音声や文章を識別するという意味で「識別AI」の技術が組みあわせされている）。

　生成AIの独自性は、その出力が「生成」されること、すなわち既存の分類やオブジェクトを識別し指し示すのではなく、これまで実在しない新たなオブジェクトを生成することにある。これは、イメージとしては識別AIの動作を逆転させたものと考えると理解しやすいかもしれない。すなわち、識別AIでは、実世界のカメラ画像を入力として、それが「ネコ」かどうかを識別するが、生成AIでは、「ネコ」というプロンプトを入力として、「ネコっぽい」と認知される確率が高い（最大公約数的な）画像を生成し、出力するのだ。これが、ChatGPTのような文章生成AIであれば、ある質問文に対して、データベースにある文章を組みあわせ、その質問への応答としてもっとも出現する確率が高い（最大公約数的な）文章を生成することになる。ここで重要なのは、これらのAIのベースにある学習は確率論的な出現頻度に基づくモデル化であるため、生成された画像や文章が「正しい」とは限らないということだ。少なくとも学習したデータのなかで高確率に出現する最大公約数的なパターンであることはまちがいないが、その学習データに虚偽や非現実が含まれていれば、AIの生成する結果も偏りを含んだものになる。

　実際のChatGPTのような対話型のAIは、まず入力となる自然言語を識別AIの技術によってどのようなパターンなのかを確率論的に識別し、そのパターンに対して次に出現する確率が高い文章を生成して出力するというプロセスになる。そしてその「識別」から「生成」にいたる過程は、すべてブラックボックス化してしまう。ただしこの生成AIの考え方そのものはかならずしも新しいものではない。たとえば、スマートフォンでは以前から「予測変換」と

114　　PART 3　社会システムとしてのデジタル・メディア

よばれるしくみが導入されている。入力された文字につづけて次にどのような文字が出現する確率が高いかを、日本語の文章のデータベースや、これまでの入力履歴に基づいて推測し、文字入力をスムーズにしてくれる。日常的な機能なので、あまり意識していない人もいるかもしれないが、このようにデータベース上にある単語の組みあわせや、ユーザーが入力した履歴を「学習」して、次に出現する文字や単語を確率的に推測する方法は、対話型の生成 AI が文章を生成する方法と原理的には同じだ。予測変換がしばしば的外れであることは多くの人が経験していることだが、これは文脈を無視して出現頻度をもとに予測をしているためだ。このように、AI はかならずしもその言語の「意味」を人間と同じような水準で「理解」しているわけではなく、その単語が他の単語とどのように組みあわされているのかを外形的に「学習」しているのにすぎない。これは 9 章でも述べた、アルゴリズムが文章の「内容」を意味論的に判断できないのと同じである。

■ ■ AI のもつバイアスと問題 ■ ……………………

　先述のとおり、AI が生成する文章や画像は、あくまで学習したデータのなかで出現確率が高いものを組みあわせることで成り立っている。AI は人間のように「意味」に基づいてなにかを生成しているわけではなく、ましてやそこで学習したデータが信頼にたる情報源からえられたものか、専門家の審査を経たものか、あるいは明確な根拠に基づいた事実なのか、といった検証がされているわけではない。たとえば ChatGPT などの対話型の生成 AI は、信頼性の高い文献資料だけでなく、かならずしも真偽が確認されていないインターネット上の文書なども大量に学習した「大規模言語モデル」を採用しているが、生成する結果はそれらのデータベースから推測される「統計的にそれらしい応答」である。元のデータに信頼性が不明なものが含まれている以上、事実とまったく異なる内容や、文脈と無関係な内容などが出力されることもあるのだ。このような誤った内容を生成してしまう現象は「ハルシネーション（幻

覚)」とよばれ、現在の生成 AI の大きな課題となっている。

　生成 AI を使えば、自分の知らないことや詳しくないことに関しても「教えて」もらえると考えられがちだが、実際は逆である。生成 AI の生成する文章は、なんらその信頼性が検証されたものではない。人間がつくったインターネット上の文章は、発信者の属性や情報源などを確認することで、その信頼性を判断する手がかりがえられることも多いが、生成 AI の文章ではそのような判断の手がかりがまったくない。そのため、人間がつくった文章と同程度に誤りが含まれると仮定しても、AI の生成した文章のほうが検証がむずかしいのだ。これは先述した AI のブラックボックスのもつ原理的な問題である。

　このように、AI の正確性に影響をあたえるひとつの要素は、AI が学習するために使用するデータの「質」である。AI は学習データを入力として予測や分析を行うため、そのデータが不正確であったり偏っていたりすると、出力も誤ったものを含む可能性が高くなる。生成 AI の生成した文章や画像に偽情報・誤情報が混在するというだけでなく、識別 AI の社会実装においても、なんらかの偏った判定をもたらしてしまうこともある。たとえば、黒人女性で AI 研究者のジョイ・ブオラムウィニは、これまでの識別 AI による顔認証システムが、白人男性の判定はスムーズにできるのに、黒人女性の場合はエラーになる確率が高いことを発見した。これは、もともとの AI の学習データに白人男性のデータが多く含まれる一方、黒人や女性のデータが相対的に少ないという偏りがあったために起きた歪みだったという[4]。このような偏りは、現在の検索エンジンでも簡単に確かめることができる。たとえば Google の画像検索で「医者・看護師」と入力すると、ほとんどの画像が「男性医師」と「女性看護師」の組み合わせになる[5]。これは、Google の画像識別 AI が、人間社会でつくりだされたデータの分布の「偏り」をある意味では忠実に再現した結果ともいえるのだ。

　AI のもつこのようなバイアスは、識別 AI による判断を社会システムに応用した際には大きな問題になる。たとえば、アメリカの一部の州では、裁判中の被告人を保釈してよいかどうかの判断をするために、AI による再犯率予測

プログラムを導入していた。しかし、この再犯率予測では、白人の再犯率が低く、黒人の再犯率が高く（偏って）推定される傾向があったのだ。これを実際の再犯率と比較すると、白人の再犯率は実際よりも低く予測され、黒人の再犯率は実際よりも高く予測されていたために、裁判所の判断をかえって歪ませていた可能性があると指摘され問題となった。このように AI は、データの偏りをそのまま学習することで、人間社会のなかにある（無意識の）偏見を反映し、場合によっては差別を拡大する危険性すらもっているのだ[6]。

　大量の学習データを前提とする AI において、もうひとつ重要な問題は、学習するデータや生成したデータに対する権利をどう考えるかという問題である。とくに生成 AI においては、プロンプト（指示文）に入力した個人情報やプライバシーに関する情報が機械学習に利用されることによって、生成 AI の回答として出力されてしまう可能性も指摘されている[7]。生成 AI などの利用の際には、あらかじめプロンプトが学習に利用されないように設定を確認したり、そもそもプロンプトに個人情報や機密情報に関する情報を入力しないように注意する必要がある。また、機密にかかわる情報でなくても、他人の著作物やインターネット上の権利不明の文章などをプロンプトにそのまま入力することは、著作物の保護の観点から問題がある可能性があるだろう。さらに、AI が出力した文章や画像などが、どのような入力データに基づいて生成されたのか不明なまま、意図せざるかたちで既存の著作物の権利を侵害する可能性もある。生成 AI を利用してなんらかの文章や画像を作成する際には、それが既存の著作物の権利を侵害していないか注意するとともに、AI を利用した旨や AI からの引用であることを明示して、その信憑性や独自性も含め最終的には自己の制作物として責任をもつことが求められるのが現状だ[8]。

■■ アテンション・エコノミーに最適化された AI ■ …

　近年の検索エンジンや SNS、動画共有サイトなどのプラットフォームでは、ユーザーの反応データ自体を「教師データ」として学習する AI が組みこ

まれている。つまり、プラットフォームを利用するユーザー自身が知らず知らずのうちにAIの「教師」となっているのだ。たとえば、多くのSNSでは、ユーザー個人個人の「いいね！」やクリックの行動履歴をもとにして、そのユーザーの好みを学習し、クリック率が高くなるように広告やコンテンツを表示する。もし、そのユーザーがAIの想定どおり反応（クリック）すれば、それはAIの機械学習にとって「正解」と扱われる。そして十分な反応がえられなければ、それを「不正解」として、今度は別の広告やコンテンツを試すことで学習をすすめているのだ。このようにして、AIは広告やコンテンツの「精度」を高め、より多くクリックされ、より多くの広告収益がえられるように「最適化」をしていくようになっている。これはまさに、アテンション・エコノミーの環境下において、AIがユーザーのアテンションを継続的に獲得していくためのエージェントとして作動していることを意味している。これまでの章でも議論してきたとおり、このような「最適化」はユーザーにとって便利な面もある反面、必ずしも正確な情報や、偏りのない公正な情報に最適化されるわけではないことに注意が必要だ。

　近年のプラットフォームは、アテンション・エコノミーにおける収益の「最適化」を目標として、アルゴリズムとAIを併用することでさまざまな試みが行われている。たとえば、無数のパターンの広告の画像やキャッチコピーを生成AIによって生成し、実際にユーザーからの反応が高かったものを学習する広告システムなども活用されている。プラットフォームに表示される広告や、場合によっては読み物記事の「イメージ画像」なども、すでに実在しない画像を生成したものが使われるようになりつつある。これらの技術は現在進行形で変化しているため、提示されたコンテンツや広告を単体で受容するのではなく、つねにその背後にあるメディアの媒介に対してどのような技術が用いられているのか、想像力をはたらかせる意識がますます重要になってくるといえる。

1 鳥海不二夫 (2017)『強いAI・弱いAI：研究者に聞く人工知能の実像』丸善出版

2 Dean, J. & Ng, A. (2012) Using large-scale brain simulations for machine learning and A.I., Google（2024-03-22取得, https://blog.google/technology/ai/using-large-scale-brain-simulations-for/）

3 松尾豊 (2015)『人工知能は人間を超えるか：ディープラーニングの先にあるもの』KADOKAWA

4 Buolamwini, J. A. (2017) *Gender Shades: Intersectional Phenotypic and Demographic Evaluation of Face Datasets and Gender Classifiers*, Massachusetts Institute of Technology.

5 田中東子 (2023)「AI/アルゴリズムとインターセクショナルなフェミニズム」東京大学B'AIグローバル・フォーラム・板津木綿子・久野愛編『AIから読み解く社会：権力化する最新技術』東京大学出版会

6 江間有沙 (2019)『AI社会の歩き方：人工知能とどう付き合うか』化学同人

7 Coles, C. (2023) 11% of data employees paste into ChatGPT is confidential, cyberhaven（2024-02-23取得, https://www.cyberhaven.com/blog/4-2-of-workers-have-pasted-company-data-into-chatgpt）

8 文部科学省 (2023)「初等中等教育段階における生成AIの利用に関する暫定的なガイドライン（Ver.1)」（2024-02-23取得, https://www.mext.go.jp/content/20230718-mtx_syoto02-000031167_011.pdf）

PART 4

デジタル・メディアと
社会課題

CHAPTER 11

インフォデミック

　SNSなどのソーシャル・メディアの普及は、誰もが情報発信・共有できるメディア環境を一般化するとともに、さまざまな社会的な課題も発生させている。いわゆる「フェイクニュース」とよばれる偽情報・誤情報の増加もそのひとつである。コロナ禍を経て、このような情報障害が広がる現象は「インフォデミック（Infodemic）」ともよばれるようになった。たとえば、2024年に発生した能登半島地震の際には「息子がタンスの下に挟まって動けません」「生き埋め助けて、妻だけでも」のような偽情報（フェイクニュース）がXに次々と投稿された。実際にはこの「救助要請」には架空の住所などの情報が付加され、拡散をよびかけるものや、コピペをして同じ内容を投稿するものも多くみられたという[1]。これ以外にも、2011年の東日本大震災時の津波の画像を添付して、さも能登半島で発生した津波かのようにみせかける投稿など、明確に意図的な偽情報も出現した。とくに大きな災害や社会不安が広がっているときに、このような「デマ」は流布しやすく、拡散されやすい。それはなぜだろうか。本章ではこのような「インフォデミック」について、メディアの媒介過程の観点から検討してみたい。

■■ アテンション・エコノミーの拡大と偽情報 ■ ⋯⋯

　偽情報の意図的な拡散が増加している背景として近年指摘されているのは、XなどのSNSにおいて投稿の「インプレッション数（表示回数）」が多ければ多いほど、広告収益がえられるしくみが一般ユーザーにも導入されたことだ。これはまさしく、人々の注目を集めることがお金につながるというアテンション・エコノミーの原理が一般の「送り手」にも広がりつつあることを示している。このような行為は「インプレッション稼ぎ」といわれ、こういった災害などのアテンションを集めやすい状況に意図的な拡散を狙って虚偽の情報を流すことで、自分自身のアカウントのインプレッション数を上げようとする行為を

指す。なかには自動投稿のプログラムやAIなどを使って、類似の投稿を大量に行うことで、よりインプレッションを増やそうとする者もいる。

　このような偽情報が「インプレッション稼ぎ」と結びつくのはなぜだろうか。ソロウシュ・ヴォスーギらの研究では、旧Twitterがサービスを開始した2006年から2017年までの投稿を、6つのファクトチェック機関による情報によって真の投稿と偽の投稿、および部分的に真偽が混合した投稿に分類し、それぞれの情報約126,000件がどのように拡散したのかを分析した。その結果、虚偽の投稿は、真実の投稿に比べて、はるかに広く、深く、速く拡散することがわかったのだ。たとえば、真実の投稿が1,000人以上に拡散することがほとんどない一方で、虚偽の投稿の上位1%は1,000人から10万人にまで拡散したという。この理由を、ヴォスーギらは「新奇性仮説」によって説明している。虚偽の投稿は、真実の投稿に比べて、より目新しく驚きを与えやすいために、アテンションをえやすいのだという[2]。同じ研究グループのシナン・アラルは、アテンション・エコノミーのメディア環境において偽情報を流すことは「一定の合理性」があると論じている[3]。

　このように、偽情報・誤情報はそもそも真実の情報よりもはるかに拡散しやすく、多くのアテンションを集めることにつながる。そのことが知られたことによって、今度は意図的にアテンションを増やす目的で偽情報を発信する者が現れ、さらにそれが拡散することで情報汚染が広がるという悪循環に陥っていくのだ。このような状況こそがまさに「インフォデミック」とよばれる問題の一因である。

■■ インフォデミックとさまざまな「情報障害」■ ……

「インフォデミック（Infodemic）」とは、情報を意味する「インフォメーション（Information）」と、感染症の流行を意味する「エピデミック（Epidemic）」を組み合わせた造語である。偽情報や誤情報を含む急速な情報拡散によってもたらされるさまざまな社会問題を総称することばであり、2020年以降の新型コ

ロナウイルスの流行の際に、WHO（世界保健機構）が偽・誤情報による二次被害を警告する意味で用いたことで有名になった。いわゆるコロナ禍においてはまさにインフォデミックによるさまざまなデマや「陰謀論」とよばれる偏った情報が飛び交ったが、コロナ禍以後においてもその状況は変わらず、むしろ常態化してしまったといってもよいだろう[4]。

一般的にはこのようなインフォデミックを引き起こす偽情報・誤情報のことを「フェイクニュース」とよぶことも多い。しかし「フェイクニュース」ということばは多義的であり、後述するとおり政治的にメディアを攻撃する文脈で用いられてきたこと、さらには問題となる情報には「ニュース」以外の多様な情報も含まれることなどから、研究者のあいだではあまり積極的に使われないことばになっている。

近年 EU では、これらの問題のある情報を総称して「情報障害（Information Disorder）」とよび、誤情報（Mis-information）、偽情報（Dis-information）、悪意のある情報（Mal-information）の3つに分類している[5]。

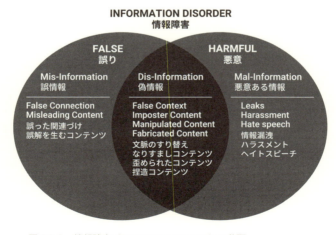

図 11.1　情報障害（Information Disorder）の分類
（出典：Wardle, C. & Derakhshan, H. 2017[6]（日本語訳は筆者））

124　PART 4　デジタル・メディアと社会課題

「誤情報」とは、害を与えることを意図していないが不正確な誤った情報のことを指し、「偽情報」とは、害を与える意図のある捏造や意識的な虚偽情報のことを指す。一方「悪意のある情報」は、害を与える意図をもって共有される事実を指し、たとえば知られたくないプライバシーを意図的に公表することで名誉を傷つけるようなことを意味する。近年では、「フェイクニュース」ということばの代わりに、事実に基づかない情報を総称して「偽・誤情報」と一括することもある。誤情報には悪意がないから問題がないかというとそんなことはなく、実際その境界はあいまいで、誤情報を本気で信じて悪意なく拡散してしまうことで問題が拡大することも多いからだ[7]。一方悪意のある情報については、害はあるが虚偽ではないため「フェイクニュース」とは異なる問題として区別される。

そもそも「フェイクニュース」ということばを頻繁に使用し、世に広まるきっかけのひとつとなったのは、2016年のアメリカ大統領選挙といわれている。SNSの普及によって民主党・共和党両陣営に対するさまざまな偽情報が飛び交ったことが注目されたが、それ以上にインパクトをもたらしたのは、選挙に当選したドナルド・トランプ自身が、選挙の前後において、自身に批判的な放送局やニュース番組を名指しして「フェイクニュース」と称したことだ。この発言は必ずしも根拠が十分だったものではなく、むしろ自身への批判をかわすための政治的な戦略として、特定のマス・メディアを敵視する世論をつくりあげる意味あいで用いられたものとされる[8]。

そしてこれらの偽情報・誤情報の中には「陰謀論」とよばれるものがある。国際大学グローバル・コミュニケーション・センターの研究グループによれば「陰謀論」とは、「政治的・社会的な出来事や、事件や事故などの何らかの出来事について、その背後に強大かつ強力な集団・組織による力が働いていると理解し、説明しようとする考え方。強大かつ強力な集団・組織に対する異議を含む」と定義づけられる[9]。とくに、なにかの謀略の存在を想定することで、一般的に考えられている定説や事実とは別の（虚偽あるいは不確かな）説明を導入することが特徴といえる。2021年にアメリカで起きた、米国議会議事堂占拠

事件は、このような陰謀論が引き起こした代表的な事例とされる。またも主役はトランプである。トランプの支持者たちの一部は、アメリカの政界が「闇の組織」に支配されており、2020年の大統領選挙はその闇の組織によって操作されたものだと信じて旧 Twitter 上などで抗議の声をあげた。トランプ自身もそれを支持するかのような投稿をしたことで支持者たちは勢いを増し、当選したジョー・バイデン大統領の就任を確定する議会が開かれていた国会議事堂を襲撃するにいたったのだ。当時の Twitter はその後、トランプのアカウントを利用停止にする措置をとることになる。

　このような大きな事件に発展しなくても、陰謀論は日本においてもさまざまなかたちで流布され、無視できない規模に拡散することもある。大きな地震が起これば、必ずといっていいほど、なんらかの組織や国家による「人工地震」といった説が飛び交ったり、コロナ禍においてはウイルスの存在自体をデマだと主張するものや、ワクチンの臨床データが捏造されているといった陰謀論に相当する偽情報・誤情報が流通している。

■■ 偽情報・誤情報の広がりとそのメカニズム ■ …

　日本における偽情報・誤情報の流通について、先述の国際大学の研究では、いくつかの実際の偽情報・誤情報、陰謀論および事実のニュースをそれぞれ6つずつ用意し、それらに対する認知や理解について調査を行っている。それによれば、事実のニュースを見聞きしたことのある人の割合が48.8%に対し、偽・誤情報を見聞きしたことのある人の割合は26.4%、陰謀論は19.1%と、少なくない割合でこれらの情報に接触していることがわかる。さらに問題なのは、調査でとりあげた実際の偽・誤情報に対して「正しい情報だと思う」と回答した人の割合が53.9%と過半数を超えている一方で「誤っていると思う」は13.0%にとどまっていることだ（残りの33.1%は「わからない」と回答）[10]。

　ではこのような偽情報・誤情報や陰謀論が広く拡散してしまうメカニズムはどのようなものだろうか。これには、SNSを中心とする現在のプラットフォー

ムのアーキテクチャが大きく関係していると考えられる。ダナ・ボイドは、SNS を含むソーシャル・メディアの設計上の特性について、「持続性」「可視性」「拡散性」「検索可能性」の4つを挙げている[11]。「持続性」とは、一度投稿した内容はデータとして記録され、いつまでも残ってしまうことを意味する。2つめは「可視性」で、投稿内容が誰にでもみられる可能性があることを指す。これはたとえ「鍵アカ」（非公開にしたアカウント）からの投稿であっても、それをみたフォロワーがコピーしたりシェアしたりすれば意図しない範囲に可視化される可能性があるということも含意する。3つめは「拡散性」で、投稿内容がシェアや「いいね！」によって1クリックで連鎖的に多くのフォロワーに広がる性質を指す。投稿者のフォロワーだけでなく、フォロワーのフォロワーへと容易に伝播していくため短時間で多くの人に広がってしまう。4つめは「検索可能性」で、投稿した内容が事後的に文脈と切り離されて「キーワード」で検索され、都合よく読みかえられる可能性につながる。これらのアーキテクチャは、アテンションをえられるような新奇性の高い情報であれば、情報の真偽にかかわらず、検索され、可視化され、容易に不特定多数に拡散し、そしてそれが持続してしまうという結果をもたらす。

　さらに、フィルターバブルやエコーチェンバー（8章）の影響も見逃せない。そもそも、反対意見が目に入る機会が少なく、たとえ反対意見がタイムラインに表示されていたとしても、自身の情報環境において賛成意見の分布が多くみえることによって、正常な判断を下すことがむずかしくなってしまえば、偽情報・誤情報であっても「多くの人が支持している情報」と勘違いしてしまうこともあるだろう。とくに、「速い思考」であるシステム1(2章)で判断すると、論理的に整合していない内容であっても十分に吟味しないままに直観的に「いいね！」をしたりシェアをしたりすることで、情動的に拡散に加担することになってしまう。SNS などのアーキテクチャは、そういった「いいね！」やシェアにかかわる操作を直観的にすばやくできるように設計されているため、システム2が入りこむ余地がなく、ときには「無意識」に近い状態で拡散の連鎖をつくりだすことになる。また、先述の新奇性仮説にみられるような、目新しい

ものに注意を向けやすいという傾向や、2章で述べた「確証バイアス」のような人間の認知特性とのかかわりも重要である。人間はあらかじめ「こうあってほしい」と望むストーリーに合致するような情報が目に入れば、その信憑性を過大評価し、逆に望ましくない情報に対してはその信憑性を過小評価することになる。それによって、事実ではない事柄でも望ましい内容であれば容易に信じてしまうということが起こるのだ。

　これらのアーキテクチャも結局は、アテンション・エコノミー環境において、プラットフォームがアクセス数やクリック数、ユーザーの滞在時間を増やすことにインセンティブがあり、事実を検証することよりも多くの投稿を流通させることのほうが広告収益につながる構造になっていることと強く関係している。そしてプラットフォーム企業だけでなく、投稿者自身にも「インプレッション稼ぎ」のようにアテンションを獲得する動機があることは、事態をさらに複雑化させている。さらには、このようなインプレッション数やクリック数を「効率的に」稼ぐために、あるいは、自分に都合のいい偽情報を多くの人に信じさせるために、人手ではなく「ボット」とよばれる自動化プログラムを用いて偽情報を機械的に発信・量産させる手法も広がっている。アラルによれば、ボットによる投稿は、偽情報の拡散の初期においてとくに効果を発揮するという。いわばアテンションの起爆剤としてボットによる情報の量産を活用し、「トレンド」などへの可視化を図るわけだ。「インフルエンサー」とよばれるフォロワー数の多いアカウントをターゲットにするボットもみられ、その結果として（ボットの影響をうけた）人間のアカウントが拡散を広げていくことで、インプレッションはさらに大きなものになる[12]。

■■ メディア複合的な偽情報・誤情報の生態系 ■ ……

　このような偽情報・誤情報の拡散は、SNS などのソーシャル・メディアに限定されたものではない。藤代裕之は、ソーシャル・メディアの情報を集約してマス・メディアに紹介するニュースサイトやまとめサイトのことを「ミドル

メディア」とよび、現代のアテンション・エコノミー環境における偽情報・誤情報の流通の中核的な役割をはたしていると指摘する。たとえば、その代表例のひとつである「J-CAST ニュース」は、2017 年の衆議院議員選挙の際、テレビ朝日の「報道ステーション」で放映された辻元清美氏の記者団への対応について SNS などの「反応」を組み合わせ「辻元清美が『大発狂』とネットで話題に」などと見出しをつけて配信した。実際の記者団への対応においては「大発狂」のような事実はないにもかかわらず、その見出しはそのまま Yahoo!ニュースなどのポータルサイトに掲載され拡散されることになった [13]。実際このような「ネットの反応」をかき集めただけの「ミドルメディア」が、ソーシャル・メディアとマス・メディアを共振させ、偽情報・誤情報による「汚染」を広げてしまう例は多数みられる。

　それだけでなく、マス・メディアが偽情報・誤情報の流通過程に（意図せざるかたちで）加わることで、さらに大きく広がることもある。コロナ禍の初期でトイレットペーパーがなくなるというデマが流れ、結果的に実際に不足することになった問題について、鳥海不二夫は事実ではないことがわかっていたにもかかわらず拡散した「非実在型炎上」だったと分析している [14]。鳥海らの研究グループの調査によると、「トイレットペーパーが不足する」という誤情報の Twitter（当時）投稿数は、それを訂正したり注意をよびかけたりする投稿に比べてはるかに少なく、SNS のユーザーほとんどが訂正情報にも接触できていたという。実際に総務省の調査でも、当時トイレットペーパーが不足するという情報を「正しい情報だと思った・信じた」と答えた人は 6.2% にとどまっている [15]。この結果から、多くの人が、この情報が誤情報だと認知しているにもかかわらず、トイレットペーパーを買いに行き、結果としてトイレットペーパーが実際に不足するという事態にいたったことがわかる。この現象を引き起こした要因のひとつは、「多元的無知」という心理的なバイアスであるといわれている [16]。多元的無知とは、実際には多くの人々がある規範や信念を受け入れていないにもかかわらず、他の多くの人々はそれを受け入れていると信じている状況を指す。すなわち、自分自身はトイレットペーパーの不足を信じ

ていないにもかかわらず、他の多くの人々はそれを実際に信じているだろうと推測し、その結果として「(誤情報を信じているであろう)他の人が買う前に買いに行く」という判断をしたということだ。

　藤代はこの問題に関して、実際「トイレットペーパーが不足する」という誤情報自体は拡散していたわけではなく、むしろ「ソーシャル・メディア上で誤情報が発生している」という注意喚起自体が誤情報であり、それを「事実化」して拡散したのはテレビや新聞などのマス・メディアだったと論じている。そしてマス・メディアがソーシャル・メディア上の話題をみずから取り上げることは、マス・メディアの「ミドルメディア化」であると批判している[17]。このように、偽情報・誤情報の拡大はプラットフォームやソーシャル・メディアだけでなく、マス・メディアやミドルメディアを含めた複合的なメディアの生態系における情報流通が、アテンション・エコノミーの論理や人間のバイアスと複雑にからみあうことで起こっているのだ。

■■ ファクトチェックの効用と限界 ■ ……………………

　これらの問題を抑止するための取り組みのひとつが、「ファクトチェック」とよばれる活動である。日本でのファクトチェック活動を推進しているファクトチェック・イニシアティブ(FIJ)によれば、ファクトチェックとは「公開された言説のうち、客観的に検証可能な事実について言及した事項に限定して真実性・正確性を検証し、その結果を発表する営み」とされる[18]。このように対象となるのは、なんらかの「事実」について言及した記事や投稿であり、単に「意見」を述べたものは対象とならない。また、これらの活動においては国際ファクトチェックネットワーク(International Fact-Cheking Network)が綱領を定めており(1)非党派性と公正性、(2)情報源の基準と透明性、(3)資金源と組織の透明性、(4)検証方法の基準と透明性、(5)オープンで誠実な訂正方針という5つの原則が示されている[19]。

　日本では「毎日新聞」「朝日新聞」のような新聞社や、「ハフポスト日本版」

「リトマス」「日本ファクトチェックセンター」などの独立系メディアが実際の
ファクトチェック活動を行っており、2022年には年間で245件のファクト
チェック記事が報告されている[20]。一方でファクトチェックについての認知率
は低く、先ほどの国際大学の調査では、ファクトチェックを「知っている」と
答えた人は30％で、そのうちファクトチェック記事を実際に読んだことがあ
る人は43％にとどまっている[21]。

　山口真一は、このような活動の重要性を指摘しつつ、その限界について
(1) 真実のニュースの普及のしにくさ (2) 何がファクトかの確定の困難 (3)
中立性の問題 (4) 事業継続のむずかしさ (5) 信念の強い人の反発の5点を挙
げている。特に事業継続の観点から問題となるのは、ファクトチェックの「コ
スト」である。ひとつひとつのニュースに対して、検証を行うことは、偽情
報・誤情報を「生産」することよりもはるかに多大なコストがかかってしま
う。さらには、受け手にとってもひとつひとつのニュースに対してファクト
チェック情報を確認し十分な吟味をすることは認知的・時間的なコストになり
うる。一方で山口らの研究では、ファクトチェックには偽情報の訂正によって
SNS上の言説の流れに一定の変更を加えることが可能であることが実証され
ており、ファクトチェック自体の社会的効用はたしかである[22]。このような課
題を認識しつつ、社会全体として偽情報・誤情報を少しでも減らし、真偽確認
が継続的に可能になるために、どのような取り組みが可能か各団体が模索して
いるのが現状といえるだろう。

　このように、インフォデミックという現象は、SNSのようなソーシャル・
メディア単独の問題ではなく、マス・メディア、ミドルメディアを含む情報空
間の生態系全体の問題であり、アテンション・エコノミーという環境において
「最適化」してきた各々のメディアのアーキテクチャと「送り手」「受け手」双
方の人間による認知・判断のバイアスなどが複合的に相互作用することで構築
された社会的現実である。残念ながら特効薬はなく、メディアに接触するあら
ゆる人々がこのような現実を認識した上で、ひとつひとつの対策をそれぞれの
対象に施していく必要がある。ファクトチェックのような取り組みの推進も重

CHAPTER 11　インフォデミック　｜　131

要であり、またプラットフォームのアーキテクチャに対する批判的な検証や適切な規制、さらにはこのようなメディアのバイアスを批判的に理解するメディア・リテラシーの育成など、複合的な対策が必要な状況といえるだろう。

1　太田宇律（2024）「架空住所から『たすけて』◆救助要請コピペ、Xの仕様変更も背景？」時事ドットコム（2024年2月7日取得, https://www.jiji.com/jc/v8?id=202401NotoQuake01）

2　Vosoughi, S., Roy, D. & Aral, S (2018) The spread of true and false news online, *Science* 359 (6380), 1146-1151.

3　Aral, S. (2020=2022) *The Hype Machine: How Social Media Disrupts Our Elections, Our Economy, and Our Health——and How We Must Adapt*, Currency.（夏目大訳『デマの影響力：なぜデマは真実よりも速く、広く、力強く伝わるのか？』ダイヤモンド社）

4　笹原和俊（2021）『フェイクニュースを科学する：拡散するデマ、陰謀論、プロパガンダのしくみ』化学同人

5　Wardle, C. & Derakhshan, H. (2017) Information Disorder: Toward an interdisciplinary framework for research and policy making. Council of Europe report DGI (2017) 09

6　Wardle, C. & Derakhshan, H. (2017) 前掲論文

7　山口真一（2022）『ソーシャルメディア解体全書：フェイクニュース・ネット炎上・情報の偏り』勁草書房

8　耳塚佳代（2021）「フェイクニュースとは何か」藤代裕之編著『フェイクニュースの生態系』青弓社, 22-45

9　国際大学グローバル・コミュニケーション・センター（2023）「Innovation Nippon 2022 偽・誤情報、陰謀論の実態と求められる対策 報告書」（2024-02-24取得, https://www.glocom.ac.jp/wp-content/uploads/2023/05/2022IN_report_full_FN.pdf）

10　国際大学グローバル・コミュニケーション・センター（2023）前掲論文

11　Boyd, D. (2014=2014) *It's Complicated: The Social Lives of Networked Teens.* Yale University Press.（野中モモ訳『つながりっぱなしの日常を生きる：ソーシャルメディアが若者にもたらしたもの』草思社）

12　Aral, S. (2020=2022) 前掲書

13　藤代裕之・川島浩誉（2021）「フェイクニュースはどのように生まれ、広がるのか」藤代裕之編著『フェイクニュースの生態系』青弓社, 46-83

14　鳥海不二夫（2020）「非実在型炎上とその影響」2020年第4回情報法制シンポジウム（2024-02-25取得, https://jilis.org/events/2020/data/20200622jilis_sympo-toriumi.pdf）

15　総務省（2020）「新型コロナウイルス感染症に関する情報流通調査」（2024-02-25取得, https://

www.soumu.go.jp/main_content/000693280.pdf)

16 Iizuka, R., Toriumi, F., Nishiguchi, M., Takano, M. & Yoshida, M. (2022) Impact of correcting misinformation on social disruption. *PLOS ONE* 17(4)

17 藤代裕之（2021）「汚染されたニュース生態系」藤代裕之編著『フェイクニュースの生態系』青弓社，84-124

18 NPO法人ファクトチェック・イニシアティブ（2019）「ファクトチェック・ガイドライン」（2024-02-25取得，https://fij.info/introduction/guideline）

19 The International Fact-Checking Network (2024) The commitments of the Code of Principles. (2024-02-25取得，https://ifcncodeofprinciples.poynter.org/the-commitments）

20 認定NPO法人ファクトチェック・イニシアティブ（2022）「2022年の取組みと成果」（2024-02-25取得，https://drive.google.com/file/d/1miyGy31FlNsR1_Q7Xgmb9neJ6I2XSq3q/view）

21 国際大学グローバル・コミュニケーション・センター（2023）前掲論文

22 山口真一（2022）前掲書

CHAPTER 11　インフォデミック | 133

CHAPTER 12

プライバシー

　SNSや検索エンジンなど、多くのプラットフォームのサービスは無料で利用できる。それは、プラットフォームが慈善事業をしているからではない。7章でも紹介したとおり、プラットフォームのビジネスモデルには大きく3つのモデルがある。広告モデル、手数料モデル、利用料モデルである。そのなかでも多くのプラットフォームで主要な収益源となっているのが、広告モデル、とくに行動ターゲティング広告とよばれるモデルである。ニック・スルネックは『プラットフォーム資本主義』において、ユーザーの行動履歴データが「原材料」となり、それを加工して広告として販売することが利潤の源泉になっていることを指摘している[1]。それはいわば、ユーザーであるわたしたちが、「プライバシー」を提供することと引き換えに、さまざまなサービスやコミュニケーションを可能にしているということでもある。本章では現代のデジタル・メディア環境における「プライバシー」とはなにかについてあらためて検討してみよう。

■■ 行動履歴はどう使われる？ ■■

　わたしたちのプラットフォーム上での行動、たとえばなにかを検索したり、クリックしたり、閲覧したり、「いいね！」をしたりといった履歴は、ほとんどすべてがプラットフォームのデータベースに記録されている。また、スマートフォンでは位置情報や移動速度、撮影した写真、動画、場合によっては歩いた歩数や運動量などの健康状態まで、測定し記録することができる。このような行動履歴データを活用した広告が、7章でもふれた「行動ターゲティング広告」とよばれるものだ。より具体的には、検索や閲覧の行動履歴データをもとにそのユーザーの好みや嗜好、気になっていることなどを推測し、それにあわせた商品やサービスの広告を出すことで、購入確率を高めるような手法である。たとえばどこかのWebサイトや、SNSなどでちょっと気になってクリッ

クした商品が、別のWebサイトをみているときに広告として表示されるという経験は多くの人がしているのではないだろうか。これは「リターゲティング広告」とよばれる手法で、広告主のWebサイトと、広告掲載先のWebサイトの双方で、「Cookie（クッキー）」とよばれるブラウザー識別のしくみを共通化した「サード・パーティ・クッキー」によって実現している。

Cookieとは、その発行元となるWebサイトのサーバーに対し、現在アクセスしているブラウザーを識別するデータを送信するしくみである。たとえば、ECサイトで商品をみて買い物かごに入れた際にブラウザーを識別するCookieを設定しておけば、そのユーザーが一度他のページをみてから再度買い物かごにアクセスしても、同じブラウザーであることがCookieによって認識され、買い物を続けることができる。このようにCookieは、広告だけでなく、Webページ間の移動においてユーザーの識別をスムーズに行うための機能でもあるため、ほとんどのWebサイトで利用されている。

Googleなどのプラットフォームが提供するアドネットワーク（7章）などのターゲティング広告は、このCookieを応用し、あらかじめ提携した複数のWebサイト間でCookieを共通化することで実現している。たとえば、あるユーザーがGoogleで「やせる方法」と検索し、そこに表示された健康食品会社A社のリンクをクリックしてA社の健康食品のページを閲覧したとする。このとき、A社はGoogleと広告主として提携をしていたとすると、A社のWebサイトには、A社のWebサーバーのCookieだけでなく、Googleが提供する共通Cookieも埋め込ま

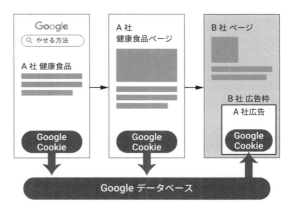

図12.1　Cookieによる行動ターゲティング広告の動作イメージ

れている（図12.1）。つまり、A社のWebページを閲覧したユーザーの行動履歴が、（Googleの検索ページをみたわけでもないのに）Googleのデータベースに記録されるのだ。次に、そのユーザーがまったく別のB社のWebサイトを訪問した際、そのB社がGoogleの広告を表示する提携をしていれば、やはりGoogleの共通Cookieがそのユーザーのブラウザーをチェックする。そうするとそのユーザーが以前A社の健康食品をみたことがわかるため、B社のWebページにA社の広告が表示される。ユーザーがその広告をクリックすると、GoogleからA社に広告料が請求されるしくみだ。このときの広告料は多くの場合CPC（Cost Per Click）といわれ、クリック数に応じてA社からGoogleに支払われ、その一部がB社にも支払われることになる。

このタイプの広告はみかける機会が多くなる一方で、どこでどんなデータが使われているのかわからない「気持ち悪さ」を感じる人も多いのではないだろうか。なぜなら多くの場合、A社とB社には直接の関係がないにもかかわらず、「自分が見た」と思われるものが相互に連携されているようにみえるからだ。Googleなどの行動ターゲティング広告は、これらの広告主と広告掲載先をつなぐ背後のプラットフォームとして、ユーザーが気づきにくいかたちでデータを連携しているのだ。

■ ■ データベース化される「個人」■ ……………………

Googleは、自社の使命を「世界中の情報を整理し、世界中の人がアクセスできて使えるようにすること」と宣言している[2]。Googleの集める「世界中の情報」は実は2種類あると考えるべきだ。ひとつは、Webページに代表される、テキストや画像、あるいは動画、地図などの対象物（オブジェクト）のデータである。そしてもうひとつは、わたしたち個人個人の属性や嗜好、行動履歴など主体（サブジェクト）のデータである。

Googleというプラットフォームは、オブジェクトとサブジェクトの2種類のデータベースを、アルゴリズムによって結びつけるプラットフォームであ

136 | PART 4 デジタル・メディアと社会課題

る。わたしたち人間は、世界中のどこかにあるオブジェクトに自由にアクセスしたい。Google はそれを無料で高い精度で実現する一方で、わたしたちサブジェクトの行動履歴をデータ化する。そのデータベースが原材料となり、アルゴリズムや AI を用いて加工することで利潤をえている。このときユーザーが支払っているコストは、お金ではなく、自分自身の行動履歴や「プライバシー」である。

ショシャナ・ズボフは、このようにプラットフォーム企業がユーザーのデータベースを独占的に保有することは、わたしたちに関する情報の流れを自動化するだけでなく、わたしたち自身の行動を自動化することを目的とした「監視資本主義（Surveillance Capitalism）」だと批判的に論じている。ズボフによれば、プラットフォームのサービスにおいてはユーザーの本来の目的は無視され、ユーザーは広告主という他者の目的を果たすための手段として扱われる。つまり、ユーザーは自分の意志で広告の商品を購入しているのではなく、プラットフォームが構築する「行動先物市場」の予測にしたがって購入させられる道具にすぎない、というのだ[3]。

実際、パーソナライズされた行動ターゲティング広告による「選択」にどこまで個人の「主体性」があるかは疑わしい。たとえそのタイミングで必要としていた商品が手に入ったとしても、同様の機能やサービスを実現する商品は他にもあったかもしれず、あるいはより価格の安い商品や自分の好みに合った商品があったことに気づかないまま、広告主の商品に飛びついている可能性もあるわけだ。その意味では、プラットフォームは自己決定のための選択肢自体を、あらかじめパーソナライズすることで、かえってその選択の「自由」を制限する結果となっているともいえる。山本龍彦はこのような「選択環境の個人化」が進行する現代の社会状況を「超個人主義」とよび、個人化が徹底するがゆえにむしろ近代的な「個人の尊重」と矛盾することになると指摘する。たとえ個人がパーソナライズされた広告による選択に「満足」していたとしても、あらかじめ十分な選択肢から主体的に自己決定したとはいえず、したがって主体的・自律的な個人から逸脱してしまう可能性を含んでしまうのだ[4]。

■■ プライバシーとはなにか ■ ……………………………

　ではここで守られるべき「プライバシー」とはなんだろうか。山本の整理に
よれば、元来プライバシーとは、私生活上の秘密を他者の視線から守ること
で、私的な領域を秘匿する権利のことであった。これはいわば、近代の市民社
会において主体性を確立した個人の「内面」に対し、意図に反する他者からの
侵入や監視を防ぐ権利と考えることができる。しかしこれは、個人の「内面」
が、その当の本人が意図的・明示的に明かさないかぎり知られることはないと
いう 20 世紀前半までのメディア環境を前提として成立している。そこには、
個人の「内面」が、主体的な個人によってみずからコントロールできるもので
あり、意図せざる形で漏れ出ることは容易ではないという暗黙の了解がある。
　しかしこれまで述べてきたとおり、個人の主体的な思想や心情という意味で
の「内面」が直接明かされることはなかったとしても、その「内面」が容易に
推定しうるようなレベルで人間の行動履歴を蓄積し分析することが可能になっ
ている。たとえば位置情報や時間帯、撮影した写真や SNS などへの投稿、閲
覧した Web ページや「いいね！」の履歴などを組みあわせれば、その人の趣
味・嗜好や、思想・信条だけでなく、家族構成や生活エリア、金銭事情や健康
状態にいたるまで、事実上ほとんどのことが推測できてしまう。山本によれ
ば、このようなメディア環境の変化から、近年は「プライバシー権」の考え方
自体も変容しており、単に自身の私的内面を秘匿する権利から、収集された個
人にかかわるデータをみずからの意志によってコントロールできる権利、さら
にはそのような自己決定を実質化するアーキテクチャによるコントロールの権
利へと移行しつつあるという[5]。
　そしてそのコントロールの権利は、より現代的な意味でいえば、個人が接続
する相手（やコミュニティ）に応じて自己イメージを使い分けられること、すな
わち、ひとつのメタ人格が相手に応じて複数のサブ人格を使い分けられること
も含まれる。実際、SNS などで複数のアカウントを使い分けている人のなか
には、プラットフォームに自分の好みにあわせた広告が表示されること自体に

138　　PART 4　デジタル・メディアと社会課題

は抵抗がなくても、それぞれのアカウントやリアル人格が結びついて同一人物と同定されることに対しては、「プライバシー」の侵害と感じる人も多いだろう。このように、SNSや検索エンジンなどのプラットフォーム、そのインターフェイスであるスマートフォンの急速な普及は、近代社会が構築してきた「プライバシー」の概念自体を大きく変えつつある。なにを誰に対して「秘密」にしたいのか／すべきなのかが社会的に不明確になってきているのだ。

　このようなプライバシー概念のゆらぎをめぐって、2020年に放送されたNHKスペシャルで興味深い実験が行われた。プラットフォームに記録された実際の個人の行動履歴をダウンロードし、そのデータだけをもとに、どれだけその個人（Xさん）の生活や特徴を推定できるか、という実験である。使用したデータは、主にGoogleのプライバシーセンターから各個人がダウンロードできるもので、位置情報や検索履歴、保存した写真などが含まれる。これらのデータは合計わずか2.74GBという。分析を行った専門家チームは、このXさんの氏名や住所はもちろん、年齢や性別なども一切知らされることはなく、プラットフォーム上に蓄積された行動履歴データのみを頼りに、Xさんの素性を推定する。その結果、年代や居住地、職業や家族構成、さらには食生活や恋愛事情、経済状況までもが明らかとなり、「デジタルツイン」とよばれるXさんの分身をつくりあげることができてしまった。このデータをもとに、体調不良を起こすタイミングや副業開始のタイミングまで予測し、実際にXさんがそのように行動を起こすところまでが記録されている。Xさんは実際の分析結果の精度に驚きながらも、今後もプラットフォームを便利に使いつづけたいと答えたという[6]。

　こういった追跡や監視の実態を「気持ち悪い」と感じる人もいれば、便利になるならやむをえないと割り切る人もいる。たしかに、これが広告の精度を高めるという目的にのみ利用されるのであれば、利便性を優先してとくに気にしないという態度もありえるかもしれない。実際Xさんのデータは、Googleのプライバシーセンターという機能を使えば自分自身でその記録内容を確認することができ、場合によっては記録を停止したり、広告への利用を停止したりす

る機能をもっている。つまり、ある程度までは自己決定のアーキテクチャが整備されてはいるのだ。しかしそれよりも重要なのは、プラットフォームを「利用」している際に実際にはプライバシーにかかわるデータが蓄積されているにもかかわらず、そのことを十分に意識することがなく、かつそのデータによって自分自身のどのような属性や好みなどが、誰に向けて開示される可能性があるのかを事前に把握することがきわめて困難であるという事実だろう。結果的にそれが許容範囲内だったと理解できたとしても、それは結果論にすぎず、行動履歴のデータベースは意図せざるかたちでさまざまな用途に流用されうる。その意味で自分にかかわるデータを自己決定によって「コントロール」する権利は、少なくとも現状では十分に機能しているとはいいがたいといえるだろう。

■■ 問われる「監視」と「安全」の境界線 ■ …………

　このようなデータを政治的な誘導に、具体的にいえば選挙結果を変えるために使うこともできる。ドナルド・トランプが当選した 2016 年のアメリカ大統領選挙では、アメリカで多くのユーザーが利用している SNS である Facebook を通じて、有権者に配信された行動ターゲティング広告が一定の成果をあげたといわれている。この選挙でトランプ陣営の支援をしたケンブリッジ・アナリティカ社は、Facebook を通じて不正に収集されたデータを用いて「性格分析」を行い広告配信に活用したとされるが、それ自体が効果があったのかどうかについては疑問視する専門家もいる[7]。一方で、もともと（不正なデータがなくても）可能であったターゲティング手法によって、たとえば対立候補のヒラリー・クリントンに対して支持の可能性が低そうなユーザーを特定し、投票に行かないようさまざまな広告によって説得する手法は、接戦の選挙区において一定の効果があったとされる[8]。

　プラットフォームのもつ行動履歴データベースが、このような利用可能性をもつということは、それが国家権力による「監視」と結びついたときにプライバシーの脅威ともなりうる。アメリカの国家安全保障局（NSA）で働いていた

140　PART 4　デジタル・メディアと社会課題

エドワード・スノーデンは、2013 年、Google や Facebook、Microsoft などプラットフォーム企業のユーザーデータベースに対し NSA が自由にアクセスし、承諾なしに国民を監視することが可能であったことを暴露した[9]。この暴露はアメリカで大きな議論をよび、安全保障とプライバシーをめぐるデータの取りあつかいに一定の規制を設ける契機のひとつとなった。

　日本でもすでに公共の「安全」のために街中で監視カメラによる撮影が日常化し、それが警察捜査に用いられることも一般化しており、このような「安全のための監視」に対する抵抗感や意識は変容しつつある。ダニエル・ソロブは、プラットフォーム企業が収集した行動履歴データや、監視カメラの映像などを蓄積し、場合によってはそれを国家や公的機関に提供したりすることが、いわばなし崩し的に許容されつつあることをプライバシーの観点から批判的に論じている。ソロブは社会のなかで問われる「やましいことがないのであれば、安全のために、あなたのプライバシーを制約するのは問題ないのでは？」という論理には、以下のような問題があると指摘する。この論理はプライバシーが「悪いことを隠す」ようなものであるという潜在的な前提に基づいている。しかしそもそもプライバシーの権利とは、特定の相手に対し自分の見せたくない側面（悪いこととは限らない）を自己決定によってコントロールするための権利であり、民主主義の前提となる自由な言論、自由なコミュニティの維持に不可欠である[10]。つまりこの論理をより身近な例におきかえれば、SNS の実名アカウントの発信は誰にみられてもよいが、趣味アカウントの一部はそれを理解してくれるコミュニティにしかみせたくない、といった「プライベート」な感覚を否定することにつながるということだ。

　さらに問題なのは、仮に政府を信頼できるとしたとしても、実際に「監視」する潜在的な可能性がある主体を限定することがむずかしいという現実である。ミシェル・フーコーは近代国家の権力装置が、「パノプティコン」という一望監視が可能な刑務所の原理で作動していると示した。パノプティコンは、中央にいる看守からすべての独房が監視できるアーキテクチャになっており、囚人の側からはいつ監視されているかを知ることはできない。しかし、いつで

も監視されうるという視線の可能性によって、囚人は規範を内面化するというのがフーコーの理論だ[11]。このパノプティコンというたとえはあまりに有名なため、しばしば現代の「監視社会」の説明にも用いられるが、これは正確とはいえない。

シヴァ・ヴァイディアナサンは、現代のデジタル・メディアによる監視の状況をパノプティコンではなく「クリプトプティコン」であると論じる。これは、個人を単一の中央集権化された権力の視線にさらすのではなく、すべての人の監視下におくという、むしろパノプティコンとは逆の手法で成立している。そして、監視下にある人々は、その視線を意識するどころか、むしろそれがあまりにも遍在しすぎているがゆえにその存在を意識しない。その引き換えになにか便利なもの（検索結果やコミュニケーションなど）を享受する[12]。その結果起きていることは、「自粛警察」などと話題になった市民同士での相互監視に基づく個人の判断への介入であったり、「暴露系」「私人逮捕系」などといわれる誹謗中傷と紙一重の動画コンテンツであったり、むしろ社会の秩序を混乱させかねない相互監視のコミュニケーション様式である。プライバシーを軽視することはむしろ、国だけでなく、見知らぬ人からも「秘密」を守ることができない状況であり、さらにいえば「秘密」に対して虚偽の情報を流されたり、濡れ衣を着せられたりしても、それを守ることができない状況につながる可能性もはらんでいるのだ。

このようなプラットフォームをめぐるプライバシーの問題については、ヨーロッパを中心に、規制の議論がすすみつつある。2016 年に EU は GDPR（一般データ保護規則）を制定し、2018 年から施行した。この GDPR では、氏名や住所などに加え、Cookie や ID などのオンライン識別子、位置情報、IP アドレスなどによって同一性を特定できるデータを「個人データ」と定め、その管理や保護の厳格な運用が定められている。近年さまざまなプラットフォームでCookie などの個人データの取得に「合意」が必要になったのは GDPR の制定がきっかけとなっている。このような動きから、先述のとおりプラットフォーム企業自身も、どのようなデータを記録し、どのようなデータを提供するの

142　PART 4　デジタル・メディアと社会課題

か、ユーザーがプライバシーに関する意志表示をできるアーキテクチャを提供
しており、スマートフォンでもユーザーによる Cookie の規制などが可能に
なってきた。広告に用いられる共通 Cookie についてはその廃止も議論されて
いる。しかしそもそも Cookie とはなにか、自分のデータがどのようにトラッ
キングされているのか／されうるのか、などのメディアのしくみに対する想像
力をもたなければ、自己決定のアーキテクチャを有効に活用し自分自身のプラ
イバシーを守ることはできない。自分のデータを誰に、どのように見せるの
か、それぞれのユーザーがまさに主体的にみつめなおすことがますます重要に
なっているといえるだろう。

---

1 Srnicek, N.（2017=2022）*Platform Capitalism*, Polity Press.（大橋完太郎・居村匠訳『プラット
　フォーム資本主義』人文書院）

2 Google（2024）「Google について」（2024-02-27 取得, https://about.google/?hl=ja）

3 Zuboff, S.（2019=2021）*The Age of Surveillance Capitalism: The Fight for a Human Future at the
　New Frontier of Power*, Public Affairs.（野中香方子訳『監視資本主義：人類の未来を賭けた闘い』
　東洋経済新報社）

4 山本龍彦（2023）『〈超個人主義〉の逆説：AI 社会への憲法的警句』弘文堂

5 山本龍彦（2023）前掲書

6 NHK スペシャル取材班（2020）『やばいデジタル："現実"が飲み込まれる日』講談社

7 Sumpter, D.（2018=2019）*Outnumbered: From Facebook and Google to Fake News and Filter-
　bubbles: The Algorithms That Control Our Lives*, Bloomsbury Sigma.（千葉敏生・橋本篤史訳
　『数学者が検証！アルゴリズムはどれほど人を支配しているのか？：あなたを分析し、操作するブ
　ラックボックスの真実』光文社）

8 Vaidhyanathan, S.（2018=2020）*Anti-Social Media: How Facebook Disconnects Us and
　Undermines Democracy*, Oxford University Press.,（松本裕訳『アンチソーシャルメディア：
　Facebook はいかにして「人をつなぐ」メディアから「分断する」メディアになったか』ディスカ
　ヴァー・トゥエンティワン）

9 Snowden, E.（2019=2019）*Permanent Record*, Metropolitan Books.（山形浩生訳『スノーデン独
　白：消せない記録』河出書房新社）

10 Solove, D.J.（2011=2017）*Nothing to Hide: The False Tradeoff between Privacy and Security*,
　Yale University Press.（大島義則・松尾剛行・成原慧・赤坂亮太訳『プライバシーなんていらな

い！？：情報社会における自由と安全』勁草書房）

11　Foucault, M.（1975=1977）, *Surveiller et Punir: Naissance de la Prison*, Éditions Gallimard.（田村
　　俶訳『監獄の誕生：監視と処罰』新潮社）

12　Vaidhyanathan, S.（2018=2020）前掲書

Workshop! 　　　　　　　　　　　　　　　　　4

どこまでがプライバシー？

デジタル・メディアにおいて、なにが守るべき「プライバシー」なのか、わたしたち自身もあいまいになっているのが現状だ。そこで、以下のようなワークを通じて、自分自身が「何を見せたくないのか」を具体的に考えてみることで、自分のプライバシー観を再認識してみよう。

1. 自分のスマートフォンを開き、それを隣の人（友人や同僚）に渡すことを想像してみる。ホーム画面のアイコンなどを確認しながら、隣の人に開かれたくないと思うアプリやデータがあるか、あるとしたらそれはなぜか、書き出してみよう。
   例）LINE：その友人が知らない相手とのやりとりをみられたくない

2. その際「友人や同僚には知られたくはないが、プラットフォーム企業（あるいはスマートフォンなどの機械）には知られている」ということの是非（なぜそれが許容されるのか）についても自分の考えを整理し、書き足してみよう。

3. 可能であれば、これらのリストを他の人と見せあって、プライバシーの境界線や、見られたくないデータの特徴について、議論してみよう。あわせて、これらのデータをプラットフォーム企業などのデータベースに預けていることのリスク（危険性）とベネフィット（便益）についても意見を交換してみよう。

Workshop! 4 ｜ 145

CHAPTER 13
メディア・リテラシー

　みなさんは、「メディア・リテラシー」といわれて何を思いうかべるだろうか。「(マス・)メディアのいっていることを鵜呑みにしないこと」だろうか。あるいは「フェイク・ニュースにだまされないよう気をつけること」だろうか。あるいは「SNS 中毒にならないように必要最低限に利用を控えること」だろうか。メディア・リテラシーということばは、現代のメディア環境においてさまざまな文脈で使われているとともに、その指し示す意味はきわめて多義的である。上述のような側面はメディア・リテラシーの要素ではあるがすべてではなく、「情報モラル」とよばれる領域として主に学校教育の現場で強調される要素である。これは、これまでメディア論の文脈において探究されてきたメディア・リテラシーの系譜では「保護主義」として批判されてきた考え方でもある。本章ではこのような多義的なメディア・リテラシーについて、これまでの系譜を整理しつつ今後の展望を考えてみたい。

■■ メディア・リテラシーとは ■ ……………………

　あらためて「メディア・リテラシー」ということばについて考えてみよう。このことばはいうまでもなく「メディア」と「リテラシー」という 2 つのことばから構成されている。本書全体のテーマでもあるが「メディア」ということばもそもそも多義的なものであり、文脈によって単に「マス・メディア」を指すこともあれば、幅広い意味でのコミュニケーションの媒体を指すこともある (1 章)。「リテラシー (literacy)」とは、もともとは文字の読み書きができることを意味し、その語源はラテン語の「文字」を意味する littera に由来するといわれる。英語で文献を意味する literature や、文字を意味する letter も同じ語源である。つまりメディア・リテラシーとは、読み書きの対象を「文字」から「メディア」に置き換え、メディアを読み書きする能力のことを幅広く指すことばだといえる。ここで重要なのは、メディア・リテラシーにはその原義から

してメディアを「読む」側面と、メディアで「書く」側面の両方が包含されるということだ。学校教育における「情報モラル」教育では、歴史的な背景もありメディア（のテキスト）を批判的に「読む」ことが重視される傾向にある。「メディアを鵜呑みにしない」というスローガンはまさにこのような傾向を象徴しているといえる。批判的な読み解きはもちろん重要なメディア・リテラシーだが、現代のメディア環境においては、メディアにおける創造的な表現（「書く」）のあり方や、それを可能にしているメディア技術やインフラ、プラットフォームの特性を批判的に理解する能力まで射程を広げてとらえていくことが必要だろう。

　このような複数の側面にまたがるメディア・リテラシー概念は、これらのどの部分に焦点をあてるのかによって、さまざまな定義がなされてきた。水越伸の包括的な定義によれば「メディアを介したコミュニケーションを意識的にとらえ、批判的に吟味し、自律的に展開する営み、およびそれを支える術や素養のこと」とされる。それはかつては、「低俗でステレオタイプに満ちたテレビを批判的に読み解くために青少年に必要な能力」として喧伝されたものだが、現在では大人を含むすべての人びとが、インターネットやプラットフォームを含む多様なメディアを批判的にとらえ、自律的に関わり、能動的に表現するために必要な営みである。そしてそれは、メディアの技術的活用、批判的受容、そして能動的表現という3つの要素のバランスが肝要と指摘されている[1]。

　ではこのように多義的で複合的な側面をもつメディア・リテラシー概念は歴史的にどのように考えられてきたのだろうか。土屋祐子の整理によれば、それは（1）メディアから身を守るために正しい知識を教えようとする「保護モデル」、（2）メディアは現実を再構成していると考えいかに構成されているかを読み解くための「分析モデル」、（3）新たなメディアの可能性を考える「創造モデル」の3つの学びのモデルが展開してきた[2]。

■■ メディアから身を守るための「保護モデル」■ ……

第一の「保護モデル」は、19世紀末から20世紀の前半にかけて登場した映画・電話・ラジオ・テレビといった視聴覚メディアの拡大によって「マス・メディアの影響から大衆を守る」という発想のもとではじまったメディア教育のとりくみである。3章でも論じたとおり、ウォルター・リップマンは1920年に新聞のようなマス・メディアが「ステレオタイプ」に基づく断片的で一面的な「世論」を構築し、そのような状況を「擬似環境」とよんで警鐘をならした[3]。

また、第二次世界大戦においてはナチス・ドイツが映画やラジオ、ポスターなどを駆使して「プロパガンダ（政治的宣伝）」による「大衆操作」によって思想の統制を行ったとされ、このことがマス・コミュニケーションにおける「弾丸効果理論」研究へとつながったといわれている。3章でも言及したとおり、マス・メディアの「強力な効果」についても、「弾丸効果理論」そのものの実在についても批判的な見方が多いが、重要なのは少なくとも当時の社会においてそのような「効果」が信じられたことによって、その「効果」から「大衆」を守ろうとする活動が実際に行われたということである。たとえば、イギリスの公共放送局BBCではプロパガンダを見分けるための番組を制作するなど、視聴者にメディアに対する批判的な意識を訴えるような活動をしていたという[4]。

■■ メディアが構成する現実を読み解く「分析モデル」■ …

第二のモデル「分析モデル」は1960年代以降、テレビが一般の家庭に普及し、メディアの代表格へと変容していくなかで確立してきたメディア・リテラシーの考え方だ。ここで大きな役割を果たしたのが、スチュワート・ホールの「エンコーディング／デコーディング」理論に代表されるカルチュラル・スタディーズである。2章で述べたとおり、ホールは記号論的な立場からコミュニケーションの過程を批判的に理論化し、これまで単なる受け手とされてきた

148 PART 4 デジタル・メディアと社会課題

オーディエンスに、能動的な意味解釈の可能性があると論じた[5]。レン・マスターマンはこのような立場からメディアを「能動的に読み解かれるべき、象徴的システムであり、外在的な現実の、確実で自明な反映などではない」と位置づけ、メディア（およびエンコーディングされたテキスト）を社会的に再構成されたものとして分析的に読み解くメディア・リテラシーのあり方を提唱した[6]。そこでは、メディアのテキストに埋めこまれた、潜在的な価値観や特定のイデオロギーなどを批判的に分析することが重視された。

　また、カナダではマーシャル・マクルーハンの学生であったバリー・ダンカンらが、マスターマンらの分析的なメディア・リテラシー教育のあり方と、マクルーハンのメディア論を参照しつつ、1989年にカナダ・オンタリオ州のメディア・リテラシー協会（AML）として『リソースガイド』という指針を出版した。そこでは、メディア・リテラシーの「基本的な概念」として以下の8項目が挙げられている[7]。

1. メディアはすべて構成されたものである。
2. メディアは現実を構成する。
3. オーディエンスがメディアから意味を読み取る。
4. メディアは商業的意味をもつ。
5. メディアはものの考え方（イデオロギー）と価値観を伝えている。
6. メディアは社会的・政治的意味をもつ。
7. メディアの様式と内容は密接に関連している。
8. メディアはそれぞれ独自の芸術様式をもっている。

　このようにイギリスでのカルチュラル・スタディーズの議論を発展させつつ、主にマス・メディアを批判的・分析的に読み解くための枠組みとして、「現実を再構成するメディア」を対象化するメディア・リテラシーの考え方が世界的に広がることになった。

■■ 新たなメディアの可能性を考える「創造モデル」 ■ …

　第三のモデルは、メディアの創造的な可能性を重視する「創造モデル」である。デビッド・バッキンガムは、メディアのテキストを分析するための概念として「メディア言語」「表象」「制作」「オーディエンス」の４つの要素を提示し、これらの組み合わせによってメディア・リテラシー教育の体系を整理した。バッキンガムはメディアが構成する現実という意味での「表象（リプリゼンテーション）」の読み解きを重視しつつも、メディアの「悪」から子供を守るという保護主義の発想を否定し、また同時に「制作（プロダクション）」の実践を重視するなど、「分析モデル」と「創造モデル」の双方を接続しうる考え方を提示した[8]。

　1990 年代後半になると、パソコンやインターネットの普及により、メディア・リテラシーの焦点も、単にマス・メディアを批判的に読み解くことから、メディアの創造的側面を重視したものへと変容していった。水越伸は 1999 年の時点で、メディア・リテラシーを「メディア使用能力」「メディア受容能力」「メディア表現能力」の３つを束ねて丸めた総体としての複合的な能力として整理している[9]。それまで必ずしも重視されてこなかった「リテラシー」の「書き」に対応するメディア上での「表現」を創造的に実践するための素養を育成する試みが「創造モデル」である。これらは 2000 年代以降、水越らを中心に進められてきた「メルプロジェクト（メディア表現、学びとリテラシー・プロジェクト）」やその後継活動の「メル・プラッツ」に代表される、メディア産業を含む「送り手」を巻きこんださまざまなプログラムにおける実践活動によって展開されてきた。たとえば放送局の人々と一般の人々が協働してワークショップを行うことで、「送り手」と「受け手」の視点を相互に行き来し、新たなコミュニケーションの回路を構築する循環的な活動によって育成されるメディア・リテラシーが提示されている[10]。土屋によれば、創造モデルの特徴は、単に既存のメディアの読み解きや制作にとどまらず、新たなメディア環境やオルタナティブなメディア・コミュニケーションを生み出していこうとする

150　　PART 4　デジタル・メディアと社会課題

姿勢であった[11]。

■ ■ 既存モデルの限界と「情報リテラシー」■ ……………

　ここで挙げられた3つのモデルは、それぞれが過去のモデルを刷新しようとする理論的・実践的なとりくみであった一方で、新しいテクノロジーやメディアの出現によってくりかえし召喚されるような性質もあるという。たとえば、SNSやスマートフォンの普及に対する「情報モラル」教育には「保護モデル」的な発想が色濃く反映されている。バッキンガムは近年、プラットフォームなどのメディア企業を「悪」と決めつけその影響を排除しようとする発想を保護モデルの再来として批判している[12]。「悪」のメディアを避けることとはすなわちそのしくみや媒介過程をみずから不可視化することにほかならないからである。

　そしてこれらの既存のモデルに基づくメディア・リテラシーが前提としているのは、メディアのテキストすなわち「コンテンツ」の読み解きや表現に中心化したメディア・リテラシーのあり方である。しかし、本書でもこれまで議論してきたとおり、デジタル・メディアが日常化した近年のメディア環境においてはとくに、コンテンツとメディアの重層的な関係に着目し、アルゴリズムやソフトウェアによっていかにコンテンツが構成されるのか、そのプロセス自体に焦点をあてたメディア・リテラシーを構想する必要がある。

　上記に関連して、近年ユネスコでは「メディア・情報リテラシー」という概念が提唱され、「メディア・リテラシー」と「情報リテラシー」は区別されるようになった。「情報リテラシー」は、主に情報として扱われるメッセージ（＝コンテンツ）を批判的に吟味したり、真偽を確かめたりする能力を指す。つまりその対象はメディアによって伝達・共有される「情報（の中身）」である。一方の「メディア・リテラシー」は情報を伝達・共有するメディアの機能や社会的なあり方について、批判的に理解したり、その創造的な可能性を活用する能力を指している[13]。ただし、ユネスコのモデルは「メディア・情報リテラ

CHAPTER 13　メディア・リテラシー　151

シー」から「ICT スキル」や「デジタルリテラシー」を別項目として区別する
など、「○○リテラシー」を細分化させる傾向があり、本来は包括的な意味
をもつ「メディア」の「リテラシー」を個別化させることでかえってその取り
組みの本質があいまいになる危険性もあり、「メディア・リテラシー」をより
上位の概念として位置づけるか、「メディア・情報リテラシー」という概念で
一括しうるかは論者によって意見がわかれている。いずれにせよメディア論の
立場から重要と考えられることは、「コンテンツ」のみに焦点をあてる「情報
リテラシー」だけでなく、そのコミュニケーションを可能にする「メディア」
の水準におけるリテラシーとしてメディア・リテラシーをとらえる視点である。

■■「インフラ的反転」をうながすメディア・リテラシー ■…

　ユネスコとは別のアプローチとして、近年筆者を含む水越らの研究ではイン
フラ化するメディアそのものを対象化し、そのあり方を構想するようなメディ
ア・リテラシーを「メディア・インフラ・リテラシー」と名づけ、その育成の
あり方を模索している[14]。本書でこれまで議論してきたとおり、わたしたち
ユーザーのプラットフォームに対する構えとして、「Google のアルゴリズムが
出したランキングを鵜呑みにしない」ことと「Google に掲載されている Web
ページの内容を鵜呑みにしない」ことには大きな隔たりがあり、後者よりも前
者のほうが重要である。しかし、前者の視点から批判的に思考することは容易
ではなく、結局「1 位に掲載された Web ページの内容がファクトかフェイク
か」という情報リテラシーの議論に終始してしまうことになりがちである。コ
ンテンツが「ファクト」なのか「フェイク」なのかという議論はもちろん重要
であるが、それ以上に、なぜそのような問いが発生しうるのか、「フェイク」
が紛れこむことを可能にするしくみはどうなっているのか、さらにはなぜその
ようなメディアが多くの人に利用されているのか、といったメディアそのもの
に対する問いを育んでいくことが重要だろう。
　ここで考えておくべきことは、「インフラ」という概念の含意である。「イン

152　　PART 4　デジタル・メディアと社会課題

フラ（ストラクチャー）」ということばも非常に多義的であるが、ここでは科学技術社会論における議論を参照しておこう。スーザン・スターとカレン・ルーレダーは、「インフラ」という概念を、それが安定的に稼働しているときには「透明」なものとして扱われるような事物の状態として定式化した。そしてある対象が「インフラ」として扱われるかどうかは、文化的・社会的な文脈に依存する関係論的なものと位置づけられる。たとえば料理人にとってキッチンの水道システムは作業の背景にある「インフラ」だが、配管工にとっては作業の対象物であって背景化可能な「インフラ」とはならない[15]。そのような意味で、一般的な日常生活においてその介在を意識させない基盤としてのプラットフォームやそのテクノロジーは、わたしたちにとってコミュニケーションの背景にある「インフラ」であり、「透明化」したメディアだということになる。

　スターらはインフラが透明な状態から可視化されることを「インフラ的反転」とよび、日常化して不可視化されたインフラを「異化」する契機としてとらえる。インフラは、それが安定して稼働しているときには「透明性」を確保しているが、故障や不具合が発生した際にはインフラ的反転が起こる。たとえば、わたしたちはスマートフォンを毎日のように使っていても、それが順調に動いていればそのしくみはインフラ化して意識されることがない。しかし、通信が急に不安定になったり、来るはずの通知が届かないといった「不具合」が顕現するとはじめて、そこに介在している物質としてのメディアの存在に気づき、同時にそのメディアのことをよく知らないことに驚く。

　メディア・インフラ・リテラシーとは、そのようなインフラ化し透明化したメディアの媒介に気づき、それを可視化し、そしてそのデザインを再構築しうるような想像力を指し示す。インフラ的反転は、不具合や故障によって起こるものでもあるが、メディアに対する視点や立場を転換することでも起こすことができる。本書で紹介したアルゴリズムを考えてみるワークショップは、まさに普段意識しないアルゴリズムの恣意性について、アルゴリズムの設計者の立場に立ってみることで理解するメディア・インフラ・リテラシーの具体的実践のひとつだ。本書が、メディア論という視座から、日常生活においてインフラ

CHAPTER 13　メディア・リテラシー｜153

として不可視化されがちなデジタル・メディアの物質的・技術的側面に焦点を
あて、ハードウェアやソフトウェアの階層構造の解説に紙幅を割いたのは、読
者のみなさんのインフラ的反転をうながすためのしかけでもある。

　本書でも提示してきたアテンション・エコノミー環境におけるメディア・リ
テラシーのあり方について、鳥海不二夫、山本龍彦らは情報の摂取を食生活に
おける栄養の摂取になぞらえ、「情報的健康」という概念を提示している[16]。
インフラ化したプラットフォームによってわたしたちの情報摂取はいわば「偏
食」させられる状態になっており、それぞれの情報がどのような「成分」に
なっているのか知らされないまま「不健康」な情報生活を強いられているとい
うのだ。その成分や生産流通過程を意識して食品を選択するように、インフラ
化したメディアによって流通している情報についても、どのような原材料に
よってどのように加工されているのか、可視化して認識することこそが「送り
手」「受け手」双方に求められている。

　このように、メディア環境が複雑化し技術がブラックボックス化している現
代の状況においてこそ、表層的なコンテンツの真偽や読み解きにとどまるので
はなく、何重ものコンテナーを構成しているメディアの構造に目を向け、イン
フラのしくみを批判的に理解し、そのあり方を構想することが重要になる。本
書で解説した、アルゴリズムやAI、そしてそれを実装するハードウェアやソ
フトウェア、ネットワークの介在プロセスについて知ること、考えることはそ
の第一歩なのである。

1　水越伸（2022）「新しいリテラシー（1）」水越伸・飯田豊・劉雪雁『新版 メディア論』放送大学教
　育振興会
2　土屋祐子（2015）「メディアリテラシーの系譜：3つの学びのモデル」長谷川一・村田麻里子編著
　『大学生のためのメディアリテラシー・トレーニング』三省堂
3　Lippmann, W. (1922=1987) *Public Opinion*, The Macmillan Company（掛川トミ子訳『世論』岩
　波書店）
4　菅谷明子（2000）『メディア・リテラシー：世界の現場から』岩波書店

5 Hall, S. (1973) Encoding and Decoding in the Television Discourse, Paper for Council of Europe Colloquy on "Training in the Critical Reading of Television Language", University of Birmingham.

6 Masterman, L. (1985=2010) *Teaching the Media*, Comedia Publishing Group.（宮崎寿子訳『メディアを教える：クリティカルなアプローチへ』世界思想社）

7 Ontario Ministry of Education (1989=1992) *Media Literacy: Resource Guide*, Queen's Printer for Ontario.（FCT（市民のテレビの会）訳『メディア・リテラシー：マスメディアを読み解く』リベルタ出版）

8 Buckingham, D. (2003=2006) *Media Education: Literacy, Learning and Contemporary Culture*, Polity Press.（鈴木みどり監訳『メディア・リテラシー教育：学びと現代文化』世界思想社）

9 水越伸 (1999)『デジタル・メディア社会』岩波書店

10 東京大学情報学環メルプロジェクト・日本民間放送連盟編 (2005)『メディアリテラシーの道具箱：テレビを見る・つくる・読む』東京大学出版会

11 土屋祐子 (2015) 前掲書

12 Buckingham, D. (2019=2023) *The Media Education Manifesto*, Polity Press.（水越伸監訳・時津啓・砂川誠司訳『メディア教育宣言：デジタル社会をどう生きるか』世界思想社）

13 UNESCO (2011=2014) *Media and Information Literacy Curriculum for Teachers*（和田正人・森本洋介監訳「教師のためのメディア・情報リテラシーカリキュラム」）(2024-03-06 取得, https://unesdoc.unesco.org/ark:/48223/pf0000192971_jpn)

14 水越伸・宇田川敦史・勝野正博・神谷説子 (2020)「メディア・インフラのリテラシー：その理論構築と学習プログラムの開発」『東京大学大学院情報学環紀要 情報学研究』98, 1-30

15 Star, S. L. & Ruhleder, K., (1996) Steps Toward an Ecology of Infrastructure: Design and Access for Large Information Spaces, *Information Systems Research*, 7(1), 111-134.

16 鳥海不二夫・山本龍彦 (2022)『デジタル空間とどう向き合うか：情報的健康の実現をめざして』日経BP・日本経済新聞出版

【事 項 索 引】

＊あ 行

アーキテクチャ　90-97，103，127，128，131，132，138，140，141，143
ARPANET　58
IP（Internet Protocol）　59-61
IP アドレス　62，142
iPhone　69，72-74，77，86，90
i モード　70，71
悪意のある情報　124，125
アセンブリー言語　53
圧縮効果　27，28
App Store　77，80，86
Apple　69，72，73，76，77，80，86
アテンション・エコノミー　83-84，91，117，118，122，123，128-131，154
アドネットワーク　86，135
アフォーダンス　93
アプリケーション層　60，62
Amazon　80，86，95
アメリカ大統領選挙　125，140
アルゴリズム　4，30，31，34，41，43，81，83，84，92，95，99-108，110-113，115，118，136，137，152-154
Android　69，73，77，90
位置情報　134，138，139，142
イデオロギー　20，21，149
イメージ（幻影）　38
Instagram　15，26，68，80，95
インターネットプロトコル層　59
インフォデミック　122-124，131
インフラ（ストラクチャー）　36，46，57，78，147，152-154
インフラ的反転　152-154
インフルエンサー　40，43，128
インプレッション　123，128
——稼ぎ　122，123，128
陰謀論　124-126
Web サーバー　60，61，135
Web2.0　64，66，92
HTML　59，64
HTTP　57，59，60，62，66
AI（人工知能）　4，21，56，102，110-

118，123，137，154
AB テスト　94
エコーチェンバー　95，96，127
SEO（検索エンジン最適化）　108
SNS　3，4，12，14，15，19，24，29，32，34，35，41，65，66，80，82-84，92，95，106-118，122，125-129，131，134，138-140，151
——中毒　146
SMTP　62
X（Twitter）　15，24，26，80，82，83，89，95，122，123，126，129
ENIAC　46
NHK スペシャル　139
FTP　58，62
エンコーディング／デコーディング　25，26，34，148
演算装置　21，51，54，56
炎上　14
OS（Operating System）　54，103
オーディエンス　25，26，149，150
送り手の意図　31
遅い思考　32，93
オピニオン・リーダー　40
オブジェクト　48-50，53-55，62，72，73，77，113，114，136，137
——指向　48

＊か 行

GAFAM　80，84
カウンター・カルチャー（対抗文化）　47，64
顔認証　113，116
科学技術社会論　153
鍵アカ　127
拡散　122，123，125-130
学習データ　116，117
確証バイアス　33，34，40，95，128
カスタマイズ　94，95
画像認識　113
活版印刷　36，37
可能的様態　69
ガラパゴス・ケータイ（ガラケー）　71
カルチュラル・スタディーズ　25，148，149
環境管理型権力　92

監視　139-142
監視資本主義　137
間接経験争点　42
管理＝制御（control）　63，92
記憶装置　51，55
機械学習　112，117
機械語（マシン語）　53
記号　25，26，47
記号論　148
疑似イベント　38，39
疑似環境　3，38，39，41，148
技術決定論　20，21，25，108
議題設定　41-43
規範　91
強化学習　112
教師データ　117
規律＝訓練型権力　92
切り取り　26，29-31
Google　64，69，77，80，83，86，95，104，105，108，111，116，135-137，139，141，152
——のネコ　111
Cookie　135，136，142，143
グローバル・ヴィレッジ（地球村）　20
掲示板　65
ケータイ　71，72，74，75
ゲートウェイ　62
ゲートキーピング　30，31，41，43
検索エンジン　4，20，41，64，65，71，80，83，84，92，103-106，108，116，117，134，139
限定効果理論　39
ケンブリッジ・アナリティカ　140
広角レンズ　27，29
公共性　41，43
行動先物市場　137
行動ターゲティング広告　81，85，86，134-137，140
行動履歴　81，82，84，86，95，103，134，136-141
コード　21，49，53，91，92，100
国際ファクトチェックネットワーク　130
国民国家　37，38

誤情報　106, 116, 122-126, 128-131
個人情報　117
個人データ　142
コミュニケーション　10, 13-19, 21, 24-26, 28-31, 33-36, 46, 62, 65, 66, 74, 82, 87, 147, 148, 153
コロナ禍　28, 57, 122, 124, 126, 129
コンテナー　17-21, 26, 58, 61, 78
コンテンツ　3, 12, 17-19, 21, 23-26, 29, 30, 55, 60-62, 65, 67, 68, 78, 85, 108, 151, 152, 154
——・モデレーション　89, 106
コンバージョン・レート　87
コンパイル　53
　＊さ　行
サード・パーティ・クッキー　135
サーフィン　59
再帰構造　102
最適化　94, 118, 131
サイバー・カスケード　95
再犯率予測プログラム　116, 117
再メディア化　35
サブジェクト　136, 137
サブスクリプション　85, 94
差別　33, 117
GDPR（一般データ保護規則）　142
CPC　136
CPU　50-54
GUI　48, 58
識別 AI　113, 114, 116
シケイン　91
自己決定　137, 138, 140, 141
自粛警察　142
システム 1　32-34, 93, 95, 127
システム 2　32, 33, 93, 127
自然言語処理　114
自動運転　111, 113
自動車電話　69
シフト演算　53, 55
シミュレーション　47-49, 55, 74, 77
ジャーナリズム　30
社会的構築　22
写メール　70
主記憶装置　54
10 進数　52

出版語　37
出版資本主義　37
出力装置　51, 55, 72, 73
順次処理　101
条件分岐　101, 102, 111
冗長性　62
情報オーバーロード　83, 84, 94, 95
情報障害　122-124
情報操作　39
情報的健康　154
情報モラル　146, 147, 151
情報リテラシー　151, 152
ショルダーフォン　69
新奇性仮説　123, 127
深層学習（ディープ・ラーニング）　112
身体の拡張　19
数字による表象　49
スキューモフィズム　77
スクリーン　69, 72, 75, 77, 83, 92
ステルス・マーケティング（ステマ）　107, 108
ステレオタイプ　31, 33, 38, 39, 147, 148
スピードバンプ　91, 113, 114
スマートフォン　3, 4, 13, 18, 20, 35, 46, 49, 51, 65, 67-69, 71-78, 80, 86, 90-92, 134, 139, 143, 145, 151, 153
スマホ最適化　74-77
Smalltalk　48, 53
制御装置　51
制作（プロダクション）　150
制作者　25
生成 AI　110, 112-118
設計構造　21, 51, 92, 97
選択アーキテクチャ　96, 97
選択的接触　40
想像の共同体　36-38
総表現社会　65
ソーシャル・メディア　11, 12, 15, 16, 30, 31, 122, 127-131
ソシオ・メディア論　20
ソフトウェア　13, 21, 50, 54, 55, 61, 63, 66, 68, 84, 89, 91, 93, 100, 108, 151, 154

——・スタディーズ　49, 50, 63, 80
　＊た　行
ダーク・パターン　94
大規模言語モデル　115
ダイナブック　47, 48, 73
第二次世界大戦　148
代表性ヒューリスティック　32, 33
タイムライン　26, 41, 83, 92, 95, 127
多元的無知　129
タッチパネル　20, 65, 69, 72-74, 76
WHO（世界保健機構）　124
WWW（World Wide Web）　58, 59, 62, 64, 71, 104
弾丸効果理論　39, 148
ChatGPT　114, 115
チューリング・マシン　47
超個人主義　137
直接経験争点　42
Twitter　→ X（Twitter）
繋がりの社会性　65, 66
強い AI　110
釣り見出し　94
DNS　62, 63
TCP　59-61
TCP/IP　58, 59, 63
データベース化　104, 136
データセンター　56, 84
デジタルツイン　139
デジタル・トランスフォーメーション（DX）　21, 55
デジタルリテラシー　152
デフォルト　96, 97
デマ　122, 124, 126, 129
トイレットペーパー　129, 130
同期型　16
到達性　62
トップレベルドメイン　63
ドメイン　62, 63
トランスコーディング　49, 50
トランスポート層　59
トレンド　128
トロント学派　18, 25, 64
　＊な　行
内面化　91, 92

索　引　157

ナショナリズム　37, 38
ナッジ　96, 97
二重過程理論　32
2進数　51, 52, 103
偽情報　106, 116, 122-126, 128-131
二段階の流れ　40
ニューメディア　50
入力装置　51, 72, 73
人間中心デザイン　93
認知資源　31, 83
認知バイアス　31, 33, 34
認知負荷　93, 94, 96
Netflix　35, 82, 83, 85
ネットワークインターフェイス層　59-61
ネットワーク型コミュニケーション　15
ネットワーク効果　82, 83, 85-87
ネットワーク・メディア　15
　＊は　行
バージョン　50, 76, 77
パーソナライズ　95, 137
パーソナル・コミュニケーション　14-17
パーソナル・コンピューター（パソコン）　46-49, 51, 52, 69-72, 74-76, 103, 150
パーソナル・ダイナミック・メディア　47
パーソナル・メディア　15
ハードウェア　21, 50, 52, 54-56, 61, 68, 84, 86, 89, 91, 93, 154
バイアス（傾向性）　23-26, 28, 30, 31, 33, 34, 93-95, 115, 116, 129-132
BIOS　53, 54
バイト　52
ハイパーテキスト　59
ハイパーリンク　58-59
培養理論　42
パケット　58, 60, 61, 63
ハッシュタグ　35
パノプティコン　141
速い思考　32, 93, 127
パラメーター（引数）　102-108, 110-113

ハルシネーション（幻覚）　115-116
反復処理　101, 102
PHS　70, 74
非実在型炎上　129
ビジネスモデル　82, 84-87, 134
ビット　51-53, 103
非同期型　16
誹謗中傷　142
ヒューリスティック　32, 33, 93
表現の自由　89
表象（リプリゼンテーション）　150
ファクトチェック　130-132
　──機関　123
ファクトチェック・イニシアティブ（FIJ）　130
フィルターバブル　95, 96, 127
フィルタリング　83, 94, 95
フェイクニュース　122, 124, 125, 146
Facebook　80, 86, 140, 141
不可視化　21-22, 66, 84, 89, 108, 154
複製　12, 37, 101
物質性　5, 20-22, 54-56
プライバシー　117, 125, 134, 137-139, 140-143, 145
プライバシーセンター　139
ブラウザー　59, 64, 71, 135, 136
BlackBerry　72
ブラックボックス　61, 63, 66, 102, 103, 108, 112-114, 116 , 154
フラットデザイン　77
プラットフォーム　18, 35, 41, 56, 65, 66, 71, 74, 76, 77, 80-89, 92-97, 100, 103-105, 107, 108, 117, 118, 126-128, 130, 134-142, 145, 147, 151-154
　──資本主義　80, 81, 134
　──・スタディーズ　80, 81
フルブラウザー　71
ブログ　64-66, 105
プロテクト・モード　54
プロトコル　57-66, 69
プロパガンダ　39, 148
プロンプト　113, 114, 117
分散型　58, 59, 61, 63
分断　95

米国議会議事堂占拠事件　125
PageRank　104, 105
偏見　33, 117
編集　29, 31
望遠レンズ　27-29
ポータルサイト　129
ポケットベル（ポケベル）　69, 70
保護主義　146, 150
ボット　128
　＊ま　行
Microsoft　80, 141
マイクロ・プロセッサー　21, 50, 51, 54
マス・メディア　3, 11, 12, 15, 30, 33, 35-43, 125, 128-131, 146, 148-150
マス・コミュニケーション　15, 35-37, 39, 42, 43, 148
　──研究　35, 39
マテリアルデザイン　77
まとめサイト　128
ミディアム（メディウム）　12
ミドルメディア　128-131
民主主義　96, 141
メインフレーム　47, 58
メタバース　55
メタメディア　48-50, 55, 68, 69, 71-74, 77, 78
メッセンジャー　16, 74
メディア・インフラ　84
メディア・インフラ・リテラシー　152, 153
メディア・リテラシー　132, 146-152, 154
メディア考古学　21
メディアこそがメッセージである（メディアはメッセージである）　18, 21, 23, 25
メディア・情報リテラシー　151, 152
メディアの制限性　31
メディア論（Media Studies）　3, 4, 5, 11, 13, 18, 20-23, 25, 84, 89, 108, 146, 149, 152, 153
メルプロジェクト　150
モジュール　49, 53-55, 63, 102

＊や・ら・わ行
URL　57, 60, 62
UIデザイン　75-77
UXデザイン　93
UGC　65, 66
YouTube　16, 18, 24, 35, 68, 77, 80, 81, 95, 111
ユネスコ　151, 152
予測変換　114, 115
世論　33, 39, 125
弱いAI　110
4マス　35
LINE　16-19, 74, 90, 145
ランキング　83, 92, 99, 103-105, 108, 152
リターゲティング広告　135
ルーター　62
レコメンド　68, 95
レジスタ　52, 53
レビュースコア　107, 108
ロボット　110
ワクチン　126

【人名索引】

＊あ　行
東浩紀　92
アラル, シナン　123, 128
アンダーソン, ベネディクト　37, 38
アンドリーセン, マーク　59
イニス, ハロルド　18, 24, 31
ウィリアムズ, レイモンド　20
ヴォスーギ, ソロウシュ　123
オライリー, ティム　64

＊か　行
ガーブナー, ジョージ　42
北田暁大　65
ギブソン, ジェームズ　93
カーネマン, ダニエル　32
キットラー, フリードリヒ　21, 50, 51, 54, 55, 64
ギレスピー, タールトン　81
ギャロウェイ, アレクサンダー　63, 64
グーテンベルク, ヨハネス　37
クドリー, ニック　17
グロス, ラリー　42
ケイ, アラン　47, 49, 53, 55, 68, 73
近藤和都　82, 83
＊さ　行
サイモン, ハーバート　83
サンスティーン, キャス　83, 96
スノーデン, エドワード　141
シャノン, クロード　13, 25
ジョブズ, スティーブ　73
スター, スーザン　153
スタインバーグ, マーク　71
スルネック, ニック　81, 82, 134
ズボフ, シャショナ　137
ソロブ, ダニエル　141
セイラー, リチャード　96, 97
＊た　行
ダンカン, バリー　149
チューリング, アラン　47
土屋祐子　147, 150
ドゥルーズ, ジル　92
トランプ, ドナルド　125, 126, 140
鳥海不二夫　129, 154
＊な・は行
成原慧　97

ネルソン, テッド　59
ノーマン, ドナルド　93
バーナーズ＝リー, ティム　58, 59
バッキンガム, デビッド　150, 151
濱野智史　91, 92
ハラヴェ, アレクサンダー　83
パリサー, イーライ　95
パリッカ, ユッシ　21
ビナ, エリック　59
ブーアスティン, ダニエル　38, 39
フーコー, ミシェル　92, 141
ブオラムウィニ, ジョイ　116
藤代裕之　128, 130
ブリン, セルゲイ　104
ペイジ, ラリー　104
ボイド, ダナ　127
ホール, スチュワート　25, 26, 148
＊ま　行
マクルーハン, マーシャル　18-20, 23, 24, 47, 149
マコームズ, マックスウェル　41
マスターマン, レン　149
マノヴィッチ, レフ　49, 50, 55, 63, 64
水越伸　13, 20, 147, 150, 152
村井純　61, 62
＊や　行
山口真一　131
山本龍彦　137, 138, 154
＊ら　行
ラザーズフェルド, ポール　41
リップマン, ウォルター　3, 33, 38, 39, 41, 148
ルーレダー, カレン　153
レッシグ, ローレンス　91, 92, 97

著者プロフィール

宇田川 敦史 (うだがわ あつし)

武蔵大学社会学部メディア社会学科准教授

1977年東京都生まれ。京都大学総合人間学部卒。東京大学大学院学際情報学府博士後期課程修了・博士（学際情報学）。複数のIT企業にてWeb開発、デジタル・マーケティング、SEO、UXデザイン等に従事したのち現職。専門はメディア論、メディア・リテラシー。

主な著作に『プラットフォーム資本主義を解読する：スマートフォンからみえてくる現代社会』（分担執筆、ナカニシヤ出版）、『ソーシャルメディア・スタディーズ』（分担執筆、北樹出版）などがある。

https://researchmap.jp/atsushi.udagawa

＊本書の出版にあたっては武蔵大学「図書・報告書等の公表のための支援事業」による助成を受けた。

AI時代を生き抜くデジタル・メディア論

2024年10月10日　初版第1刷発行

著者　宇田川敦史

発行者　木村　慎也

カバーデザイン／北樹出版装幀室　　印刷　モリモト印刷・製本　和光堂

発行所　株式会社　北樹出版

〒153-0061　東京都目黒区中目黒1-2-6
URL : http://www.hokuju.jp
電話(03)3715-1525(代表)　FAX(03)5720-1488

© Atsushi Udagawa 2024, Printed in Japan　　ISBN 978-4-7793-0759-1
（落丁・乱丁の場合はお取り替えします）